子どもが喜ぶ！

体育授業レシピ

運動の面白さにドキドキ・ワクワクする授業づくり

松田恵示・鈴木 聡・眞砂野 裕 編

教育出版

体育の授業作りの基本とは？

体育の授業をするときに，次のようなことを感じたことはありませんか。

・子どもたちが，進んで運動に取り組むことのできる授業の方法が知りたい。

・運動が好きになったり，うまくなったりするための場の作り方や教材がもっと知りたい。

・苦手な子に，どのように教えてあげれば運動が出来るようになるのかがわからない。

・体育では，結局，何を教えたらいいのか，自信を持って取り組みたい。

・自分も運動が苦手なので，運動を教えることに不安がある。

・子どもの学習が深まっていくためのポイントがわからない。

・運動が楽しいことと，いろいろな技能をしっかり身に付けることの両方を教えられているのかどうか自信がない。

・これから，体育で大切にしないといけないことはどんなことなんだろう。

この本は，「運動の面白さ（楽しさや喜び）」を押さえた教材や学習指導のコツを知ることで，教育実習で初めて「先生」になる学生のみなさんから教職歴 20 年を超えるベテランの先生まで，また，小学校 1 年生から 6 年生までを担当される先生や，特別な支援を要する子どもたちの体育を担当される先生の授業が，まさに「ガラッ！」と変わることを伝えるためのものです。

教室で行う国語や算数の授業とは違って，体育には教科書もないので，先輩の先生や体育を研究している同僚の先生に，「どんなふうにやっていれば，だいたいＯＫなの？」と，すごく聞きたくなる教科だとも思います。

こんなときに，「運動の面白さを押さえる」というコツと，そのための典型的な教材や学習指導の仕方を知ると，ほとんどのことが，「あー，なるほど」とか「へぇー，こうなるんだ」と，とてもよくわかると思います。

本書で提案したい体育の授業づくりについて，ここでは 4 つの「段取り」を，料理を作るように押さえておきます。

1）単元の目標を確認する

　まずは，単元の目標を確認します。例えば，3年生でマット運動の授業では，

> (1) 次の運動の楽しさや喜びに触れ，その行い方を知るとともに，その技を身に付けること。
> 　ア　マット運動では，回転系や巧技系の基本的な技をすること。
> (2) 自己の能力に適した課題を見付け，技ができるようになるための活動を工夫するとともに，考えたことを友達に伝えること。
> (3) 自己の能力に適した課題を見付け，技ができるようになるための活動を工夫するとともに，考えたことを友達に伝えること。

というのが，学習指導要領で示されている目標です。これが最低限求められていることですが，それに加えて，学校や地域や学級の特性に応じた目標を立てることもあります。でも，もっとシンプルには，

> ・学級の子どもたち全員が，それぞれの個性的な発達段階にも合わせて「マット運動の面白さ（楽しさや喜び）」がわかり，主体的で対話的で深い学びを通じて，マット運動に関わる，知識・技能，思考力・判断力・表現力等，そして学びに向かう力・人間性等をしっかりと習得してほしい。

でよいと思います。つまり，子どもに対して「こんなことを伝えたい！」という，先生の「強い気持ち」を，授業で取り上げる運動やスポーツの「固有の面白さ」にあるのだと自覚し，同時にそのことが，資質や能力を内容としてアクティブ・ラーニングが求められる現在の体育の学習指導の具体的な目標だとも考えるわけです。

　そして，できれば先生自身が実感している「マット運動の面白さ」であったり，「へぇーっ，なるほど」とマット運動の中で感じて感動したり，「ここがポイントだからぜひ教えてあげたい」と思っていたりすることを教えてあげることになれば，さらによいと思います。授業に熱意と勢いが出るからです。このことについては，次の項でも少し触れてみたいと思います。

　また逆に，それがわかりにくい場合やしっくりこない場合は，とりあえず，同僚の先生に聞いてみたり，一度自分でやってみたりするというのもおすすめです。もちろん，まずは本書を使ってみるということもオススメです。いずれにしても，体育を教えるときの目標を，「運動の面白さを教えるぞ！」とまずは心の中で立ててください。

2）単元で取り上げる「運動の魅力（特性）」を理解する

　次にすることは，本書の特徴にもなりますが，単元で取り上げる「運動の面白さ（特性

や魅力)」を教師自身が理解することです。これが押さえられれば，授業作りや毎時間の学習指導に対して，自信を持って行うことが実はできるのです。

例えば，6年生で，「ソフトバレーボール」の授業を行うときには，本書の該当ページなども参考にしながら，バレーボールの面白さが次のようなものであることを確認します。

> ・チームで，ボールを落とさないようにコントロールして，味方のコートには落とされないようにし，うまくボールをつないで，相手のコートには落とすことが面白い遊び。

忘れがちなのですが，「体育の授業がうまくいった！」というのは，子どもたちが「自分ごと」として目を輝かせ，体育の学習に一生懸命になって成果も上げた，ということであって，授業という先生の仕事がうまくできた，ということではありません。また，「目が輝いた」といっても，「運動の面白さ」に対して目が輝いてほしいのであって，その他のことで子どもたちの目が輝いてももちろん十分とはいえません。

このために，体育では，子どもたちの立場から，取り組もうとしている運動がどのような面白さを持ったものとして見えているのか，このことから授業づくりをスタートさせなければ，結局，子どもたちにとって「自分ごと」としての学習になりません。「自分ごと」として学習するというのは，「なんとか相手コートにボールをもっとうまく落としてチームで勝ちたい！ だから，もっとスパイクをうまく打ちたい！」という気持ちなどから，子ども自身が「必然性」を持って「スパイク」という技能の習得に向かう，といったような状態をいいます。

つまり，「やらないといけないからスパイクの練習をする」とか「テストで点をとらないといけないから，頑張ってうまく打てるようにしよう」といった状態では，まだ学習は「よそごと」です。このような状態では，子どもたちの目は輝きません。そもそも「スポーツ」や「運動」は，子どもたちにとって「自分ごと」になりやすい，楽しさや喜びに溢れたものです。この楽しさや喜びの本質を押さえることが，体育の授業作りや学習指導のコツだ，というのが，本書の原稿を作成した先生方の共通の思いでもあります。

それぞれの運動の魅力については，以下のように捉えてみてください。

> 1．個人的な運動
> 　A　陸上運動
> 　1）走の運動……「スタートからゴールまで移動することが面白い遊び」
> 　2）ハードル走……「スタートからゴールまで，連続したハードルを跳び越えて，移動することが面白い遊び」
> 　3）リレー……「スタートからゴールまで，バトンをみんなで，移動させることが面

白い遊び」あるいは「チームで移動することが面白い遊び」

 4) 投の運動 …「モノを移動させることが面白い遊び」

 5) 走り幅跳び……「跳び越えることが面白い遊び」

 6) 走り高跳び……「跳び越えることが面白い遊び」

B 器械運動

 1) 鉄 棒……「鉄棒に上がって，回って，降りることが面白い遊び」

 2) 跳び箱……「乗り越えることが面白い遊び」

 3) マット……「回って元に戻ることが面白い遊び」

C 水 泳 …「水の中を移動することが面白い遊び」

2．集団的な運動

A ゴール型のボール運動

 1) サッカー……「手を使わずにボールをコントロールして，チームでボールを運び，シュートチャンスを作り，隙間をねらってゴールにボールを蹴り込むことが面白い遊び」

 2) バスケットボール……「手でボールをコントロールして，チームでボールを運び，シュートのために相手をかわして，ボールをリングに入れることが面白い遊び」

 3) ハンドボール……「手でボールをコントロールして，チームでボールを運び，シュートチャンスを作り，隙間をねらってゴールにボールを投げ込むことが面白い遊び」

 4) タグラグビー……「ボールを相手に取られないようチームで前に進め，ボールでトライをとることが面白い遊び」

 5) フラッグフットボール……「ボールを相手に取られないようチームで前に進め，タッチダウンをとることが面白い遊び」

B ネット型のボール運動

 1) バレーボール……「チームで，ボールを落とさないようにコントロールして，味方のコートには落とされないようにし，うまくボールをつないで，相手のコートには落とすことが面白い遊び」

 2) プレルボール……「ボールを手（プレル）でコントロールして，チームで相手コートに返し，味方コートには相手に返させないことが面白い遊び」

C ベースボール型のボール運動

 1) ティーボール……「ボールを道具（バット・グラブ）でコントロールして，攻撃側がヒットしたボールを守備側がベースに送ることと，攻撃側がベースに移動することのどちらが速いか競うことが面白い遊び」

 2) キックベースボール……「チームで攻撃側がキックしたボールを守備側がベースに送るのと，攻撃側がベースに移動するのがどちらが速いか競うことが面白い

遊び」

　3．表現運動……「身体を使ってリズムやテンポを生み出し，『生きられた時間や空間』
　　　を創り出し，踊ったり演じたりすることが面白い遊び」

　4．体つくり運動
　　A　体力を高めるための運動……「体力を高めるために必要に応じて意図的に動く運動」
　　B　体ほぐしの運動……「ふだんは経験しない身体の動きを体験することが面白い運動」
　　C　運動遊び……「身体を使って，できるかできないか挑戦することが面白い運動」

　ここで示した「運動の面白さ」は，オリンピック選手から未就学期の子どもまでに共通の，
いわば「最大公約数」にあたる内容です。それに「発達段階」に基づいて「条件」が加わっ
たものが，発達に見合った子どもにとっての運動やスポーツになると考えてください。

　例えば，水泳の面白さは「水の中を移動することが面白い遊び」ですが，そこに高学
年だと，例えば「足をつかないで少しでも長く」という条件が加わり，「足をつかないで
少しでも長く」＋「水の中を移動することが面白い遊び」ということになって，「平泳ぎ」
という発達段階に見合った運動が出てきます。このように「初達段階に見合った条件＋運
動の面白さ」が，各学年段階で取り上げられる具体的な運動の姿になると考えればよいと
思います。

　書かれていることが，どうしてその運動の面白さといえるのか，という疑問が出た場合
には，ぜひ自分自身で，その運動を実践してみてください。その上で，もう一度書かれて
いる「運動の面白さ」を読んでみてください。きっとそのとき,「なるほど！」と腑に落ちる,
と思います。

　「運動の面白さ」については，自分自身の経験や，子どもたち自身の言葉から，考えな
いことがポイントです。詳しくは，別なところで見ていただければと思うのですが，現象
学における「還元」という科学的な方法を援用して，ここのところを導き出しています。「頭
だけ」で考えることはやめて，ぜひこの部分はしっかりと先生自身が，腑に落ちる，とい
う状態を作ることを最優先させてみてください。

　ここまでは,授業の具体的な行い方を考える前に,ぜひとも確認してほしいことです。「ど
う行うのか」は，実は「なぜ行うのか」あるいは「何のために行うのか」が伴っていなけ
れば，つまり子どもたちが活き活きと内容に触れて，目が輝く体育の時間にはならないこ
とも多いです。ちょっとした時間に，メモでもとりながら考えてみることがおすすめです。

3）子どもの実態を考えながら，運動の面白さが子どもたちにもまず理解できる「やさし
　い教材（場やルール）」を用意する

　ここからは，いよいよ，具体的な授業づくりに入っていきます。子どもたちが「自分ご

と」として体育の学習に夢中になるためには，一時間，一時間の学習の中でがんばろうとする，子どもたちの持つ「めあて」が，自分にとって「必然性」のあるものになることが大きなポイントです。ところが，いろいろな子どもが学級にいる中で，一人一人がその気になって「がんばろう！」と思える状態を作る，というようなことは本当に難しいことです。けれども，体育の内容として扱っている「運動」というものは，子どもの様子をしっかり捉えて，よい教材さえ用意できれば，実は驚くほど一人一人の子どもをその気にさせてくれる力を持っています。

　本書では，そのような教材が例として示されています。その運動の面白さを，その時の発達段階にある子どもたちが最も易しい形で味わえるものが，教材の特色です。「今ある力」でまず運動の面白さを味わうということは，今強く求められている，主体的で対話的で深い学びを促すための，最も重要なポイントにもなります。新しい学習指導要領では，資質や能力を育てるために，「アクティブ・ラーニング」という学習が強く指向されています。そのような姿を授業で実現するために，特に体育では子どもの個性に応じた「易しい運動」や「簡易化された運動」が大切です。ただ，それは同時に，単元で教えたい運動やスポーツの本質をしっかりと伝えるものでなければなりません。

　わからない時には，ぜひとも本書で紹介するような教材から，まずは試していただければと思います。

4)「本番－練習－本番」の組み合わせで，学習の流れを計画する

　子どもたちに限らず，私たちが「主体的で対話的で深い学び」を行うときには，「①まずやってみる」，「②振り返って課題を発見したり確認する」，「③課題を解決するための活動を行う」，「④もう一度やってみて学習の成果を確認する」という流れを自然にとっています。体育の授業も同じです。工夫された易しい教材を「まずやってみる」。そして，「振り返って課題を発見したり確認する」。さらに「課題を解決するための活動を行う」。最後に「学んだ力を試すためにやってみる」というサイクルです。いわば「本番－練習－本番」の基本形です。「考える」ということは，「感じて返る」ことではないかという指摘もあります。単元計画や，1単位時間の流れは，このような子どもの心の動きをしっかりと作り出すように留意します。

　体育では，どうしても「基本」から「応用」へ，という一直線の流れをイメージしがちです。けれども，あえて「応用」から「基礎」に戻れるのも，体育学習のいいところです。このような教科の特性を生かして，らせん型の流れを授業づくりではイメージするようにしてみてください。

　ここから後の部分は，本書のそれぞれのところで，授業の具体に即して，考えていきた

いと思います。

　最後に，2019年4月に小学校に入学してくる子どもたちが，高校を卒業するときが2031年3月。この子どもたちが就職して職場にも馴染んでくる30歳になるのが，2044年前後の頃。そして，社会の主力となって活躍している40歳になるのが2054年前後。つまり，新しく改訂された学習指導要領は，2050年頃の日本の「未来予想図」が反映されているということができます。

　その頃に必要になっている力のひとつは，「面白く生きることができる力」だと考えています。AIが社会に広がり，学校も大きくその姿を変えているかもしれないその頃に，けれども変わらず人間にしかできないことは，「価値を創造する」という力です。「失敗を楽しめること」「力を抜くこと」「共感すること」「熟考すること」「論理的に考えられること」「納得して行動すること」など，「面白く生きることができる力」には，様々な側面があります。運動やスポーツという，生活の内容としても大切な文化は，このような力を支える貴重な営みです。生涯にわたって，このような運動やスポーツに親しむことのできる，元気にあふれた子どもたちを育てることができればと思います。

　このような子どもたちを育てるのにふさわしい体育の授業づくりについて，読者の先生や学生のみなさんと，本書ではご一緒になって考えてみたいと思います。

　　2019年1月

編 者 一 同

目　次

体育の授業づくりの基本とは？　　ii

Ⅰ　1年間の体育授業スケジュール

年間計画例と本書頁案内（低学年）　　2

年間計画例と本書頁案内（中学年）　　4

年間計画例と本書頁案内（高学年）　　6

こんな授業がしたい！「運動の魅力」が体育学習を変える！─授業の現場から─　　8

Ⅱ　アクティブ・ラーニングの授業レシピはこんな感じです

授業レシピ1　短距離走

スタートからゴールまでできるだけはやく移動できるかな？　　12

授業レシピ2　跳び箱運動

乗り越えることができるかな？　　20

授業レシピ3　走り幅跳び

どれだけ遠くへ跳び越せるかな？　　28

授業レシピ4　水遊び

水の中を移動できるかな？　　36

授業レシピ5　キャッチバレーボール

落とさず，つくって，アタックしよう！　　44

授業レシピ6　バスケットボール

「運べる？」「かわせる？」「入れられる？」　　52

授業レシピ7　バットレスベースボール

ボールと自分，どっちがはやいかな？　　60

ix

Ⅲ 授業が盛り上がるワクワク教材と指導のコツ

1年 体つくり運動領域「体ほぐしの運動遊び」　70

2年 表現リズム遊び「リズム遊び」　72

3年 体つくり運動領域「多様な動きをつくる運動」　74

4年 器械運動領域「マット運動」　76

5年 陸上運動領域「ハードル走」　78

6年 陸上運動領域「走り高跳び」　80

Ⅳ 体育授業の下ごしらえ―より深めたい先生のために―

1 「ドキドキ・ワクワク」する体育と現代的な教育課題　84

2 体育授業で子どもたちの「能動的」な活動（アクティブ・ラーニング）を引き出す
教材づくり　87

3 教材を考えるにあたって　96

4 「ねらい」のもち方・もたせ方　102

5 学習過程　105

6 チーム，グループ，学習集団　109

7 評価と評定　112

8 幼児期と学齢期のつながり──保幼小連携の視点から　117

9 これからの体育の方向性　124

10 これからの教師に求められるもの　127

コラム1 "active" な学びとは？　68

コラム2 不健康な健康教育⁉　82

コラム3 学級という空間　131

コラム4 ＡＩ時代とスポーツ　132

I

1年間の体育授業
スケジュール

年間計画例と本書頁案内（低学年）

1年生 102時間　2年生 105時間　○数字：時間

105時間の配当：体つくりの運動遊び㉒　器械・器具を使っての運動遊び㉘　走・跳の運動遊び⑮　水遊び⑩　ゲーム㉔　表現リズム遊び⑥

4月	5月	6月	7月	8・9月	10月
<走・跳> 走の運動遊び 跳の運動遊び　② <器械・器具> 固定施設を使った運動遊び　② ・校庭の遊具を使って <ゲーム> 鬼遊び　②	<体つくり> 体ほぐしの運動遊び　② 多様な動きをつくる運動遊び　④ <ゲーム> 鬼遊び　④	<表現リズム> リズム遊び　② <ゲーム> ボールゲーム　⑤ <表現リズム> リズム遊び　②	<水遊び> 水の中を移動する遊び もぐる・浮く運動遊び　⑩	<表現リズム> 表現遊び　④ <走・跳> 走の運動遊び　⑤	<ゲーム> ボール投げゲーム　⑤ <器械・器具> マットを使った運動遊び　⑤

p.70 「体ほぐしの運動遊び」

〈参考〉 p.74 「多様な動きをつくる運動」

p.36 「水遊び」

p.72 「リズム遊び」

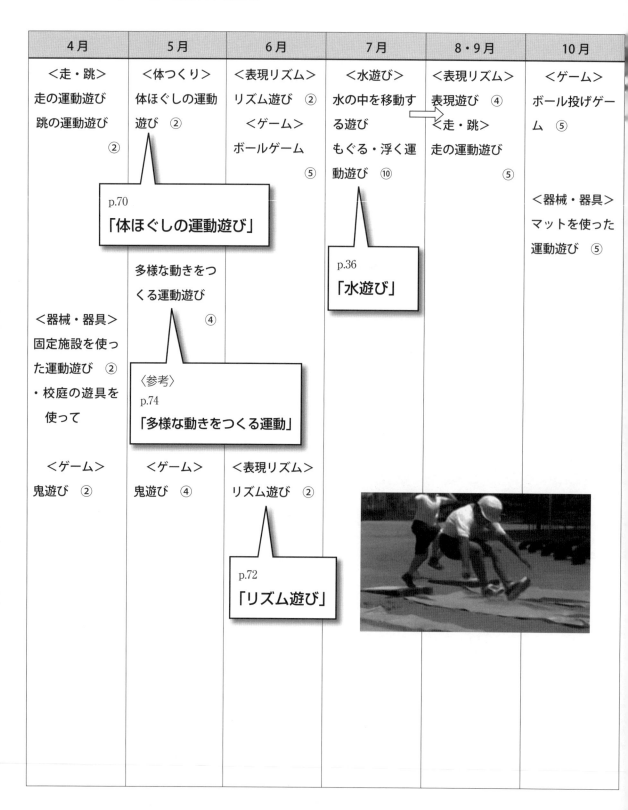

11月	12月	1月	2月	3月
＜体つくり＞ 多様な動きをつくる運動遊び　⑧	＜器械・器具＞ マットを使って遊ぶ　⑦	＜体つくり＞ 多様な動きをつくる運動遊び　③	＜走・跳＞ 跳の運動遊び　⑤	＜ゲーム＞ ボールゲーム　⑧
＜器械・器具＞ 鉄棒を使った運動遊び　⑦	＜走・跳＞ 走の運動遊び　③	＜器械・器具＞ 跳び箱を使った運動遊び　⑦	＜体つくり＞ 多様な動きをつくる運動遊び　⑤	

〈参考〉
p.20
「跳び箱運動」

Ⅰ　1年間の体育授業スケジュール

年間計画例と本書頁案内（中学年）

3・4年生　105時間

105時間の配当：体つくり運動⑱　器械運動⑳　走・跳の運動⑳　水泳運動⑩　ゲーム㉔　表現運動⑧　（保健④）

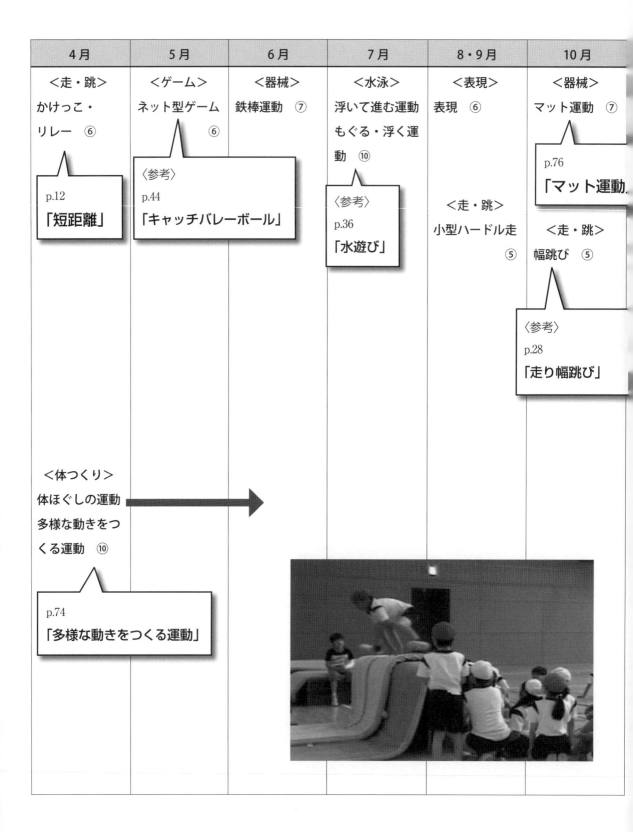

4月	5月	6月	7月	8・9月	10月
<走・跳> かけっこ・リレー　⑥ p.12「短距離」	<ゲーム> ネット型ゲーム　⑥ 〈参考〉 p.44「キャッチバレーボール」	<器械> 鉄棒運動　⑦	<水泳> 浮いて進む運動 もぐる・浮く運動　⑩ 〈参考〉 p.36「水遊び」	<表現> 表現　⑥ <走・跳> 小型ハードル走　⑤	<器械> マット運動　⑦ p.76「マット運動」 <走・跳> 幅跳び　⑤ 〈参考〉 p.28「走り幅跳び」
<体つくり> 体ほぐしの運動 多様な動きをつくる運動　⑩　→ p.74「多様な動きをつくる運動」					

11月	12月	1月	2月	3月
<ゲーム> ベースボール型ゲーム ⑥	<器械> 跳び箱運動 ⑦	<体つくり> 多様な動きをつくる運動 ④	（保健） 3年 ④ 「健康な生活」 4年 ④ 「体の発育発達」 <ゲーム> ゴール型ゲーム ⑥	<体つくり> 多様な動きをつくる運動 ④ <ゲーム> ゴール型ゲーム ⑥
〈参考〉 p.60 「バットレスベースボール」	〈参考〉 p.20 「跳び箱運動」	<表現> リズムダンス ③ <走・跳> 高跳び ④	〈参考〉 p.52 「バスケットボール」	
	〈参考〉 p.72 「リズム遊び」			

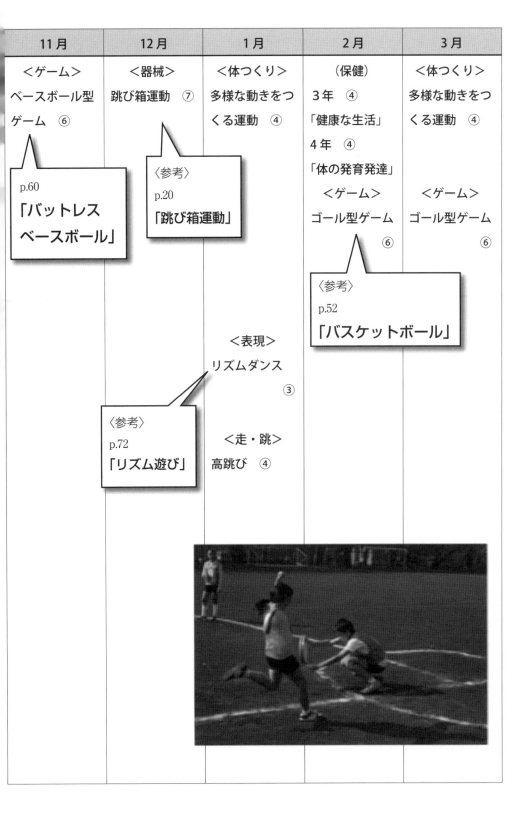

I 1年間の体育授業スケジュール

年間計画例と本書頁案内（高学年）
5・6年生　90時間

90時間の配当：体つくり運動⑫　器械運動⑰　陸上運動⑯　水泳運動⑩　ボール運動⑳　表現運動⑦　（保健⑧）

4月	5月	6月	7月	8・9月	10月
<陸上>　短距離走・リレー　⑥	<ボール>　ネット型　⑥	<器械>　鉄棒運動　④	<水泳>　クロール　平泳ぎ　安全確保につながる運動　⑩	<表現>　表現　⑤　<陸上>　ハードル走　⑤	<器械>　マット運動　⑥　<陸上>　5年　走り幅跳び　⑤　6年　走り高跳び　⑤

〈参考〉p.12「短距離」

p.44「キャッチバレーボール」

（保健）5年 ④「心の健康」6年 ④「病気の予防」

<体つくり>　体ほぐしの運動 ②　体の動きを高める運動 ②

p.78「ハードル走」

p.28「走り幅跳び」

p.80「走り高跳び」

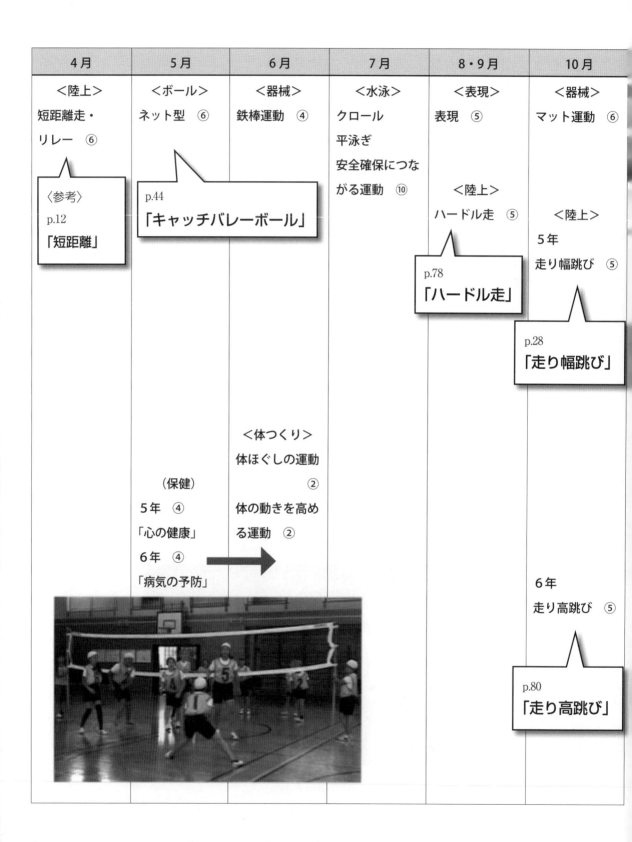

11月	12月	1月	2月	3月
<ボール> ベースボール型　⑥ 〈参考〉 p.60 「バットレスベースボール」	<器械> 跳び箱運動　⑦ p.20 「跳び箱運動」	<体つくり> 体の動きを高める運動　④ <表現> フォークダンス　②	（保健） 5年　④ 「けがの防止」 6年　④ 「病気の予防」 <ゲーム> 「ゴール型」　⑧ p.52 「バスケットボール」	<体つくり> 体の動きを高める運動　④ 　　　→

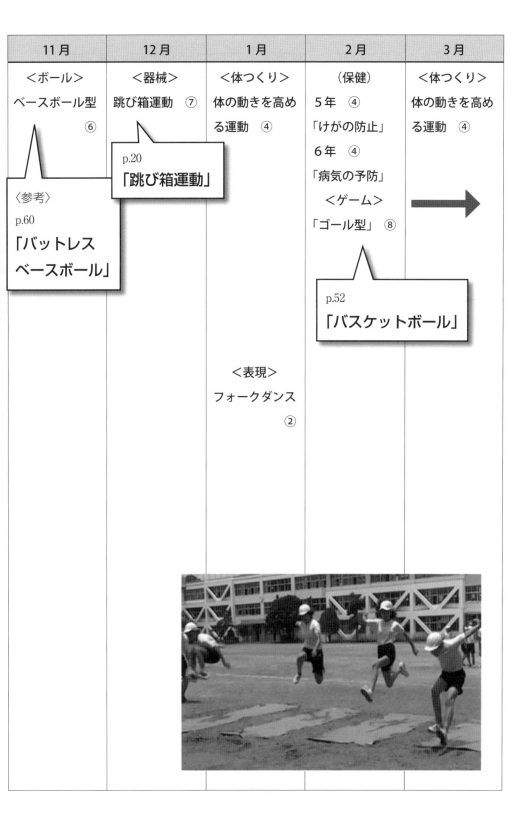

I　1年間の体育授業スケジュール　7

こんな授業がしたい！「運動の魅力」が体育学習を変える！
― 授業の現場から ―

「やっぱり！」校庭の砂場から響く大歓声に，心の中でガッツポーズ！「運動の魅力」が体育の学習を変えていく確信を得た瞬間でした。小走りに近づくと，そこには喜々として「走り幅跳びそのもの」を十分に楽しむ子どもたちの姿がありました。

1．体育の学習観が変わる

新卒以来20年近く，区市あるいは東京都の体育研究に関わってきた私の学習観が大きく変わったのは，2年間にわたる大学院派遣がきっかけでした。東京学芸大学で体育科教育やスポーツ社会学を専門とされる松田恵示教授に師事した日々は，その後の私の体育学習観（授業）を大きく変えました。一言でいうなら，目の前の子ども，そして私自身にとって「体育の授業がめちゃめちゃ面白くなった」のです。

2．「運動の魅力」が授業を変える！――「その運動は，何が面白いのか？」

例えば，走り幅跳びの学習を例にあげてみます。以前の私の授業は次のようなものでした。

> それまでの授業は・・・

1. はじめの計測：今の自分の力を知る。
2. 目標値の設定：先行研究から個人の目標値を設定（例：短距離走の記録から設定等）
3. 課題の選択：「助走」「踏み切り」「空中姿勢」「着地」が課題となることを提示，個人で課題を選択する。
4. 活動の決定：個人の課題に合った活動（練習）場所で個人またはペア，トリオで教え合う。
5. 記録の向上を目指す：伸びた記録をポイント化するなど競争意識を意欲につなげる。

おおよそ，上記のような流れで学習を展開していました。しかし，どの学校どの学年でも同じような課題をなんとなく感じていたのです。それは，「記録の伸びが見られる瞬間

まで，子どもたちが面白そうではない」ということです。確かに，仲間との学び合いをへて記録が伸びた瞬間の子どもは，達成感に満ちた表情を見せます。私もそれが走り幅跳びの醍醐味だと思っていました。ところが，「運動の魅力」を軸にした学習は「走り幅跳びそのもの」を子どもが存分に楽しむのです。さらに，以前の展開では見られなかった技能向上が自然に表出しました。特に，もっとも指導が難しい（現在の学習指導要領でも扱いが軽減された）「空中姿勢」に大きな変化が見られるようになりました。

私たちが考えた走り幅跳びの「運動の魅力」，それは「跳び越せるかどうかが楽しい運動である」ということです。

3．こんな授業がしたい！

冒頭の授業は，走り幅跳びの運動の魅力を前面に展開した授業です。この授業は以下のように展開されました。（詳細はp.28）

1. 走り幅跳びの「運動の魅力＝跳び越せるかどうかが楽しい」を共有する。
2. まず，跳び越せるかどうかを楽しむ＝今の自分の力を知る。
3. 目標値の設定：個人の目標値（跳び越したい長さ）を設定。
4. どうすれば跳び越せるのかを考える＝目的に沿って技能を吟味し，自ら実践を工夫する。
5. 課題の選択：「空中姿勢」と姿勢の工夫を保障するための「踏み切り」に課題が集中しました。課題が子どもの内面で連鎖関係していくのです。
6. 活動の決定：個人の課題に合った活動（練習）場所で個人またはペア，トリオで教え合う。跳び越せるかどうかのドキドキを共有し合う。
7. 跳び越せるかどうかを楽しむ＝記録の向上への意欲が高まる。

この授業が（私の実践も含めた）他の授業と違うのは次の3点です。

①授業の盛り上がりが違う！
②技能へのこだわりが違う！
③思考・判断する意欲が違う！

①授業の盛り上がりが違う

（水たまりを）跳び越せるかどうか!?の世界に子どもたちはのめり込みます。だから「走

Ⅰ　1年間の体育授業スケジュール　9

り幅跳びそのもの」が面白いのです。まして，いままで跳び越せなかった距離を克服した時＝記録が伸びた時の喜びは，仲間の共感を伴い，爆発的なものになりました。

②技能へのこだわりが違う

子どもは「跳び越したい！」という自発的な目的に向かって，「自分ごと」として技能習得にこだわります。この必要感が，教師の指導内容をより内面化させるのです。私の実感としては特に，空中姿勢へのこだわりが他の技能によい影響を与えるようです。つまり，真下の水たまりを跳び越すために〈空中でねばる（反る・足を前方に振り込む等）〉→〈（ねばるために）踏み切りでなるべく高く跳ぼうとする〉→〈できるだけ足を前にして着地したり，お尻がつかないように着地足の下までお尻をもっていったりする〉ようになります。この一連の動きが，結果的に技能レベルの高い「走り幅跳びっぽい」動きになるのです。

③思考・判断する意欲が違う

目的意識が明確なので，教師が提供する資料や指導・助言を「自分ごと」として思考・判断し，動きに活用しようとする意欲が表出します。この，「与えられた情報を主体的に活用しようとする姿」こそ知識基盤社会に求めたい学びの姿ではないでしょうか！？

「こんな授業がしたい！」その手だてが本書にはたくさん盛り込まれています。

II

アクティブ・ラーニング
の授業レシピは
こんな感じです

授業レシピ **1**　短距離走

中学年全6時間扱い

スタートからゴールまでできるだけはやく移動できるかな？

この運動の面白さ

「はやく移動できるかな？」

子どもは何に挑戦しているの？

スタートからゴールまではやく移動することができるかどうか！

　短距離走の魅力を「できるだけはやくスタートからゴールまでを移動できるか」だと捉えてみましょう。この魅力をより引き出すために，お互いに対面した状態で走ってみましょう。できるだけはやくスタートからゴールまで移動できるかどうかということにチャレンジしていく中で，子どもたちは必然的に「意味ある技能」を身に付けていきます。

この単元のゴールイメージ

「スタートからゴールまでできるだけはやく移動できるかな？」に夢中になって，子どもたちがこんな動きを身に付ければこの単元はOKです！

■低い姿勢からのスタート
◇すぐにスタートできる低い姿勢になっている
◇スタート直後は前傾姿勢で走っている

■走るリズムをはやくして走っている
◇はやいリズムで足を素早く引き上げている
◇口伴奏をしながら走っている

■大きく腕を縦に振って走っている
◇ダイナミックに腕を縦に振って走っている
◇手の振りに合わせて足も動かしている

■負けても何度もチャレンジ！
◇勝敗を素直に受け入れている
◇「次は絶対勝つぞ！」という意欲をもって取り組んでいる

授業の道しるべ

ポイント！ 「スタートからゴールまではやく移動できるかな？」から学習を引き出す

START これだけは準備する！

正しいコースを設置しよう！

1時間目に押さえる

様々な方法でゴールまではやく移動しよう！

2時間目から押さえる

「何度もチャレンジしたい」をキーワードに！

その1　用具
- □ コーン
- □ マーカーコーン
- □ ロープ（あると便利）

その2　コースの安全確保
- □ 危険物（石など）の撤去
- □ 衝突を防ぐためにコースをはっきり分ける

その3　3つの技能＝その「必要性」を子ども全員と共有する
- □ スタート姿勢　　□ 腕の振り　　□ 足の回転（ピッチ）

その4　何を考えさせるか＝思考・判断の視点を共有する
- □「スタートからゴールまではやく移動するため」にはどんなスタートの姿勢？
- □「スタートからゴールまではやく移動するため」にはどんな腕の振り？
- □「スタートからゴールまではやく移動するため」にはどんな走るリズム？

その5　グループ学習の有効活用＝何を学ぶか？　を共有する
- □ めあてに応じた技能ポイントを選択　　□ 練習内容・場（ハンデ）の決定

この声かけがポイント！

「大きくはやく腕を振ろう！」
〜短距離走の技能＜腕を振る＞に着目させる一言〜

GOAL 面白い！短距離走の世界へ

どっちがはやいかな？

Ⅱ　アクティブ・ラーニングの授業レシピはこんな感じです

単元計画

オリエンテーション （1時間目）

❶ はじめのルールの説明をする
・場は図のとおり。
・グループごとに一列に並ぶ。
・各グループの先頭にいる人から一人ずつスタート。横のグループの人との勝負！
・最後のコーンに到達したら，そこから折り返して戻ってくる。

❷ やってみる （ゲームⅠ）
[発問] いろいろな走り方で走ってみよう！
・横走り　・後ろ走り　・大股走り
・クネクネ走り（コーンの間を抜ける）
・手を横に振って走る　・手を胸の前でクロスさせて走る

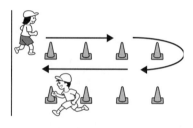

[発問] 今度は二人組でもできるかな？
・一人でやった走り方から数種類を選択してやってみよう。

❸ ふりかえり
[発問] 今日走ってみてどうだったかな？
・いろいろな走り方ができて面白かった。
・チームで競走したい。

> 最初は様々な走り方を経験できればOK！

[発問] もっと面白くするにはどうしよう？
・グループ対抗での競走にしよう。

リレー形式で走ろう！ （2時間目）

❶ やってみる（ゲームⅠ）
仲間と協力してスタートからゴールまでをできるだけはやく移動しよう

①個人リレー

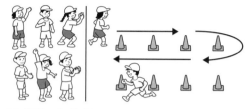

②二人組手つなぎリレー

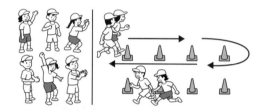

❷ 課題に取り組む　チーム練習
[発問] どうすれば勝てるかな？
・はやく走れる手のつなぎ方，順番の作戦を立てよう。
・一緒に走る人と息を合わせよう。

❸ もう一度やってみる （ゲームⅡ）
[様相]
・声をかけ合いながら仲間と協力して，リレーをするようになる。

❹ ふりかえり
[発問] 今日走ってみてどうだったかな？
・走ることが楽しかった。
・友達と協力しながら走ることができた。
・もっとたくさん競走したい。

対面走で相手と競走しよう（直線）

❶ はじめのルールの説明をする

- 場は図のとおり
- グループを2つに分け，対面してスタートする。
- ゴールは真ん中に設置する。
- ゴール位置での衝突などの危険防止のために，コーンを使ってコースをわかりやすくする。

❷ やってみる（ゲームⅠ）

対面走をやってみよう！（3時間目）
相手をかえてやってみよう！（4時間目）

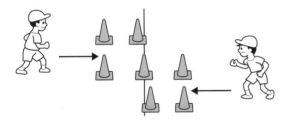

❸ 課題に取り組む　チーム練習

- 相手に勝ちたい。　・いいスタートをしたい。
- スタートの姿勢，はやい足の回転を練習しよう。
- 相手との距離を調整しよう（スタート位置の変更）。

❹ もう一度やってみる（ゲームⅡ）

様相
- 相手との距離を調整することで，最後までどちらが勝つかわからない勝負が多くなる（全員に勝つチャンスが生まれる）。
- 競走前からスタート姿勢の準備をするようになる。
- 足の回転がはやくなることで，自然と大きなフォームで走るようになる。

❺ ふりかえり

発問　今日の対面走はどうだったかな？
- 距離を調整したので，いつもは負ける友達に勝てた。
- スタートの姿勢がよくなって，最初からはやく走れた。

発問　もっと面白くするにはどうしよう？（4時間目）
- 直線だけでなくコースを変えてやってみたい。

対面走で相手と競走しよう（曲線）

❶ やってみる（ゲームⅠ）

曲線コースでやってみよう（5時間目）
対戦相手をかえてやってみよう（6時間目）

- コースが曲線であること以外は同様のルール。

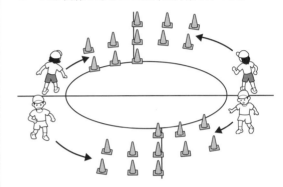

❷ 課題に取り組む　チーム練習

- 相手に勝ちたい。　・コーナーをうまく走りたい。
- 腕の振りを練習しよう（振り方，大きさ）。
- 相手との距離を調整しよう（スタート位置の変更）。

❸ もう一度やってみる（ゲームⅡ）

様相
- コーナーを走るコツをつかんだことで，1回目には負けた相手に勝つことも増えてくる。

❹ ふりかえり

発問　今日の対面走はどうだったかな？
- 曲線のコースを走るのが面白かった。
- 腕の振りが大切であることに気づいた。

発問　もっと面白くするにはどうしよう？（6時間目）
- 自分たちで作ったコースでもやってみたい。
- もっとたくさんの友達と競走したい。

Ⅱ　アクティブ・ラーニングの授業レシピはこんな感じです　15

授業展開案（2時間目）

本時の目標
仲間と協力してスタートからゴールまでできるだけはやくいろいろなやり方で移動する。

学習活動と予想される子どもの反応	●留意点　★評価
❶ 学習の準備をする ・ゼッケン　・コーン32個　・ロープ ・ホイッスル　・チーム数8  ❷ やってみる（ゲームⅠ） ・個人リレー ・二人組手つなぎリレー （1時間目に行った走り方から数種類を選択して行う） ❸ チームごとに練習する ・はやく走れる手のつなぎ方、順番についての作戦を立てて、練習をする。 ❹ もう一度やってみる（ゲームⅡ） ・声をかけ合いながら仲間と協力して、走るようになる。 ❺ ふりかえり 今日走ってみてどうだっただろう？ ・走ることが楽しかった。 ・友達と協力しながら走ることができた。 ・もっとたくさん競走したい。 ❻ 整理運動・片付け	●用具は決められた分担ごとに準備する。 ●はやく用意ができたら、できていないグループの手伝いをする。 ●今回のルールは以下のとおりで行う。 ・グループごとに一列に並ぶ。 ・前の走者が戻ってくるまで、スタート地点から動かない。 ・最後のコーンに到達したら、そこから折り返して戻ってくる。 ★仲間との競走を楽しむことができる。 ★勝敗を受け入れることができる。 ●「スタートからゴールまでできるだけはやく移動すること」に視点がいくよう、声かけで盛り上げる。 ●よい走り方をほめる。 ●どうすれば他のチームに勝てるのか、作戦を考えるように促す。 ●練習の意図を確認する。 ・友達との息が合わない。 　→声かけをしながら走る。 ・交代するタイミングがうまくいかない。 　→お互いがやりやすいタイミングを見つけながら、交代する練習を行う。 ●新しいアイデアには、いい点と悪い点を出させた上で合意形成していくように支える。 ★いろいろな走り方を楽しむことができる。

授業展開案（3時間目）

本時の目標
仲間との競走を楽しんで対面走をしよう。より面白くなるよう，次の課題を考える。

学習活動と予想される子どもの反応	●留意点　★評価
❶ 学習の準備をする ・ゼッケン　・コーン32個　・ロープ ・ホイッスル　・チーム数8 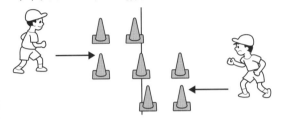 ❷ やってみる（ゲームⅠ） ・「勝つか？　負けるか？」にドキドキしながら競走を楽しむ。 ❸ チームごとに練習する どうやったらはやく走ることができるだろう？ ・スタートしてスピードに乗るまでが遅いから，スタートの姿勢を練習しよう。 ・勝ったほうが一歩下がった位置からスタートする。 ❹ もう一度やってみる（ゲームⅡ） ・一発勝負で行う。 ・相手との距離を調整することで，最後までどちらが勝つかわからない勝負が多くなる（全員に勝つチャンスが生まれる）。 ❺ ふりかえり 今日走ってみてどうだっただろう？ ・友達と楽しく競走できた。　・もっと競走したい。 どうやったらもっとはやく走ることができるだろう？ ・スタート以外のことも練習したい。 ❻ 整理運動・片付け	●用具は決められた分担ごとに準備する。 ●はやく用意ができたら，できていないグループの手伝いをする。 ●今回のルールは以下のとおりで行う。 ・グループを2つに分け，対面してスタートする。 ・ゴールは真ん中に設置する。 ・ゴール位置での衝突などの危険防止のために，コーンを使ってコースをわかりやすくする。 ★仲間との競走を楽しむことができる。 ★勝敗を受け入れることができる。 ●「スタートからゴールまでできるだけはやく移動すること」に視点がいくよう，声かけで盛り上げる。 ●よいスタートの姿勢をほめる。 ●自分たちの課題は何かを考え，工夫して練習するように促す。 ●練習の意図を確認する。 ・スタート直後にスピードが出ない。 　→できるだけ低い姿勢からスタートする。 （イラストを用いて，子どもにイメージさせる） ●練習をしながら相手との勝負が面白くなるようにスタート位置を調整する。 ★相手との距離を調節しながら，競走の仕方を工夫することができる。 ★はやく走るために自分の課題に取り組むことができる。 ●もっとはやく走るためには，スタートの姿勢以外にもポイントがあることを子どもたちに考えさせることで，次回につなげていく。

授業展開案（5～6時間目）

学習活動と予想される子どもの反応	●留意点　★評価
❶ 学習の準備をする ・ゼッケン　・コーン32個　・ロープ ・ホイッスル　・チーム数8 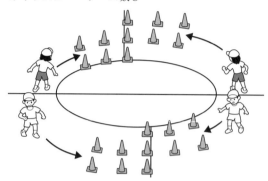	●用具は決められた分担ごとに準備する。 ●はやく用意ができたら，できていないグループの手伝いをする。 ●今回のルールはコースが曲線になった以外は前回までと同じ。 ●スタート位置は4か所。一度に二つの対戦。 ★仲間との競走を楽しむことができる。 ★自分の課題を理解して，対面走に取り組んでいる。
❷ やってみる（ゲームⅠ） ・前回行った時に，腕を振ることの重要さを理解しているために，アドバイスが出てくる。	●「スタートからゴールまでできるだけはやく移動すること」に視点がいくよう，声かけで盛り上げる。
❸ チームごとに練習する ・前回の課題であった腕の振りに関して，さらに練習を行っていく。 ・勝ったほうが一歩下がった位置からスタートする。	●はやく走るためには，腕を縦に振るだけではなく，大きく振ることも重要である。 ●練習をしながら相手との勝負が面白くなるようにスタート位置を調整する。
❹ もう一度やってみる（ゲームⅡ） ・一発勝負で行う。 ・コーナーをはやく走る際には腕を振ることが大切であることに気づく。	★縦に大きい腕の振りができる。 ●友達のよい走り方を見つけて声をかけるように促す。
❺ ふりかえり 次の学年でするとしたらどんなゲームに発展させたらいいだろう？ ・自分たちで作ったコースでもやってみたい。 ・チーム対抗でやってみたい。	●走るコースを直線から曲線へと工夫することで，新しい技能があらわれ，短距離走の楽しさがより深まる。 ●「スタートからゴールまで移動する」ことである短距離走は，コース，走り方，競走の仕方などを工夫することで深まっていく。
❻ 整理運動・片付け	

Q&A 今さら聞けない!? 指導の基礎・基本！

Q 人数は何人ぐらいがよいですか？

A 4人ぐらいがよいでしょう。

　1チーム4人ぐらいで展開すると，4回戦で全員が対面走の勝負をすることができます。勝った友達は一歩下がる，1m下がるなど，対面走の面白さを味わう上で，同じ友達と勝負したり，次時では違う友達と勝負したりと，競う相手を毎時間変えて，意欲を持続させることが大切です。

Q コーンの数が足りない場合は？

A 衝突防止のため，ゴール地点のみにコーンを置くようにします。

　授業を実践する上で欠かせないのが安全面です。目標とするゴールがわからなければ，相手とぶつかる危険性があります。それでは，ケガにつながり，学習が成り立ちません。なによりも安全への配慮を怠らずに授業を展開しましょう。

Q 場の設定を短時間で行うには？

A トラックを活用します。

　校庭のトラックや直線コースを活用することが時間短縮の一歩です。正確な距離で行うことで，いつでもどこでも誰とでも競う楽しさにもつながります。多くの場を設ける上でも校庭の目印（ポイントなどの目印）を活用しましょう。

　距離を変えても負け続けてしまう子どもたちへの支援を優先させます。「勝つか負けるかわからない」楽しさを味わわせることができるのが「対面走」です。たとえ，1単位時間の授業の中で勝てなかった子どもがいても，その子どものよさ（例：手をしっかり振って走っていたよ，最後まで一生懸命だったね，友達の走り方を取り入れていたね，など）を認めてあげることが大切です。

　ただ「がんばれ！」との励ましにならないように，「一度でも勝った子どもは赤い帽子に変えよう」など，つまずいている子どもを把握し，すぐに支援ができるように工夫して授業を行うように心がけましょう。

Ⅱ　アクティブ・ラーニングの授業レシピはこんな感じです　19

授業レシピ 2　　跳び箱運動

高学年 全6時間

乗り越えることができるかな？

この運動の面白さ

「モノを乗り越えられるかな？」
「こんな条件でもモノを乗り越えられるかな？」

子どもは何に挑戦しているの？

　みなさんは，子どもたちが駐車場に立っている車止めのポールを，夢中になって乗り越している姿を見たことがないでしょうか。両手をポーンとポールについて，次々と飛び越えていきます。では，彼らは一体なににそんなに夢中になっているのでしょう。それはまさしくモノを「乗り越えることができるかな？　できないかな？」に夢中になっているのでしょう。

　では，体育で行う跳び箱運動はいかがでしょうか。ここで子どもたちが夢中になっていることも，やはり跳び箱というモノを「乗り越えることができるかな？　できないかな？」にわくわくしているのではないでしょうか。つまり，跳び箱運動の面白さとは，「乗り越えることができるかどうか」にあるということです。

この単元のゴールイメージ

「乗り越えることができるかな？　できないかな？」に夢中になって，子どもたちがこんな動きを身に付ければこの単元はOKです！

■技を使って乗り越えよう①「開脚跳び」

■技を使って乗り越えよう②「閉脚跳び」

■技を使って乗り越えよう③「台上前転」

■「高さ」「向き」に挑戦する

授業の道しるべ

ポイント！ 「乗り越えることができるかな？」から学習をひきだす

START これだけは準備する！

その1 用具
- 跳び箱（いろいろな高さや向き）例）中学生用跳び箱
- 踏切板
- マット（高い跳び箱の後ろには，ふかふかのエバーマットを！）
- いろいろな「乗り越える」場をつくるためのひな壇や台

役割分担を決めて協力して準備しよう

その2 授業の道しるべ（マネジメント）

Q1 見合いや教え合いは？
　跳び箱運動の技は一瞬。自分の技に集中したり，友達の技を見たりするために，発表の場を用意し，練習の場と分けるとよいです。

Q2 技はどうやってとりあげるの？
　様々な乗り越え方を学級全体で見合いながら，技（開脚跳び，かかえこみ跳び，台上前転…）としてまとめることがポイントです。

1時間目に押さえる

いろいろな乗り越え方で跳び箱を乗り越えよう

その3 ポイントとなる技能や押さえたい技能
☐助走　　☐踏み切り　　☐着手　　☐着地

2時間目から押さえる

その4 何を考えさせるか＝思考・判断の視点を共有する
■どんな乗り越え方があるかな？
■いろいろな高さの跳び箱を乗り越えるには，どうしたらいいかな？
■いろいろな向きの跳び箱を乗り越えるには，どうしたらいいかな？

技を使って，跳び箱を乗り越えよう！

その5 学習の流れ
☐いろいろな乗り越え方 ⇒ 技を使った乗り越え方 ⇒ ふりかえり

この声かけがポイント！

乗り越えることができるかどうかの面白さを十分味わってから，技としてまとめていくことが大切！⇒「どんな乗り越え方があるかな？」で子どもの乗り越え方を「技」にする。

GOAL 技に取り組む意欲が劇的にアップ

II　アクティブ・ラーニングの授業レシピはこんな感じです

単元計画

いろいろなモノを乗り越えてみよう！

❶ オリエンテーション

・「乗り越える」ことを楽しむ授業であることを説明する。
・ペアを決める。
・場の用意の仕方を説明し用意する。

❷ いろいろな「乗り越える」に挑戦する

発問　いろいろなモノを乗り越えることができるかな？

❸ 技を使って「乗り越える」に挑戦する

発問　技を使ってみても乗り越えられるかな？

・すでに学習した技等を用いて、いろいろな場での「乗り越える」にチャレンジする。

❹ ふりかえり

・みんなが夢中になったことは「乗り越えることができるかどうか」だったことをふりかえる。
・どんなことにみんなが夢中になったのか確認する。
・片付け
・整理運動
・整列，礼

いろいろな技を使って乗り越えてみよう！

❶ いろいろな「乗り越える」を体験する

まずはいろいろなモノを乗り越えてみよう！

・「乗り越えることができるかどうか」が面白い運動であることを体験で復習させる。

❷ 技を使って「乗り越える」に挑戦する

〈技のポイントのワークショップ〉
①開脚跳びの説明をします。聞きたい子は先生のまわりに集まってください！

②次は，閉脚跳びの説明をします。聞きたい子は先生のまわりに集まってください！

〈技のポイントのワークショップ〉
1)　「開脚跳び」「閉脚跳び」（２時間目）
2)　「閉脚跳び」「台上前転」（３時間目）
3)　「台上前転」「開脚跳び」（４時間目）

❸ ふりかえり

今日の活動はどうだったかな？

○○くん，とってもよかったね！　みんなに見せてくれるかな？

できる技を用いて高さに挑戦して乗り越えてみよう！	できる技を用いて向きに挑戦して乗り越えてみよう！
❶ いろいろな「乗り越える」を体験する 単元が進むに従って，時間を短くしていく。 **❷ できる技で条件（高さ）を変えていろいろな「乗り越える」に挑戦する** ・用意されているいろいろな場所で「乗り越える」ことに挑戦する。 ・より高い跳び箱でも乗り越えることができるかどうかに挑戦する。（5時間目） ・基本技には必ず1回は挑戦する。 〈跳び箱の「高さ」に挑戦するポイントのワークショップ〉 より高い跳び箱に挑戦する時のポイントの説明をします。聞きたい子は先生のまわりに集まってください！  **❸ ふりかえり** 今日の活動はどうだったかな？（5時間目） ・技を使って上手に乗り越えられた友達を見ながら，技能のポイントを確認する。 ・学習カードに記入をする。 ○○くん，とってもよかったね！ みんなに見せてくれるかな？	**❶ いろいろな「乗り越える」を体験する** **❷ できる技で条件（向き）を変えて「乗り越える」に挑戦する** ・向きを変えても乗り越えることができるかどうかに挑戦する。（6時間目） ・基本技には必ず1回は挑戦する。 〈跳び箱の「向き」に挑戦するポイントのワークショップ〉 違う向きの跳び箱に挑戦する時のポイントの説明をします。聞きたい子は先生のまわりに集まってください！  **❸ ふりかえり** 今日の活動はどうだったかな？（6時間目） ・技を使って上手に乗り越えられた友達を見ながら，技能のポイントを確認する。 ・学習カードに記入をする。 ○○くん，とってもよかったね！ みんなに見せてくれるかな？

Ⅱ　アクティブ・ラーニングの授業レシピはこんな感じです

授業展開案（1時間目）

本時の目標
いろいろな場で，モノを乗り越える楽しさを味わうことができる。

学習活動と予想される子どもの反応	●留意点　　★評価
① 学習の準備をする ・整列，礼 ・準備運動	●みんなで協力して，場の用意を行う。 ●準備運動では，ケガの予防のためにストレッチをしっかりと行う。
② 学習の流れを説明する ・本時の活動について説明する。 ・学習カードを紹介する。 ・安全について注意を喚起する。 ・ペアを決める。 ・場の説明を行い，みんなで用意する。	●まずは「乗り越える」面白さを体験することが大切なので，すべての場に挑戦するように約束する。 ●場の用意はみんなで行い，次時以降しっかりと用意できるようにする。配置等が図示されているとスムーズに行える。
③ いろいろな「乗り越える」に挑戦する ・いろいろな場に散らばって，様々な「乗り越える」を体験する。 ・いろいろな条件の「乗り越える」を経験する。 　例）「手を使わないで乗り越えることができるかな？」 	●まずは「乗り越える」ことにみんなが夢中になれることが大切。とにかくいろいろな場に挑戦させる。 ●よじ登って乗り越えるや，台の上をごろごろ転がるなども「乗り越える」の一つの形であるから，取り上げてあげるとよい。 ●「手を使わない」などの条件付きの「乗り越える」も行う。「着手があることでより高いモノを乗り越えられること」に気づくように声かけする。 ★いろいろな場に挑戦し，跳び箱運動の楽しさを味わうことができる。
④ 技を使って「乗り越える」に挑戦する ・すでに学習した技等を用いて，いろいろな場での「乗り越える」にチャレンジする。 	●「技を使っても乗り越えることができるかな？」などの声かけを行い，面白さと離れない形で技を提示する。 ●技ができたかどうかではなく，使った技で「乗り越えることができたかどうか」について見取ってあげる。 ●きれいに乗り越えられた子，格好よく乗り越えられた子を称賛する。
⑤ ふりかえりと次時の説明 ・どんなことにみんなが夢中になったのか確認する。 ⑥ 整理運動・片付け	●「乗り越える」こと自体と技を使って「こんなことしても乗り越えられるかな」ということの面白さを確認する。 ●安全に気をつけて片付けるように指導する。

授業展開案（2〜4時間目）

本時の目標
技を使ってモノを乗り越える楽しさを味わいながら、基本技を身に付けることができる。

学習活動と予想される子どもの反応	●留意点　★評価
❶ 学習の準備をする ・場の準備を行う ・整列、礼 ・準備運動	●みんなで協力して、場の用意を行う。 ●準備運動では、ケガの予防のためにストレッチをしっかりと行う。
❷ 学習の流れを説明する ・ねらいと本時の学習の流れを確認する。	●「今日はどんな乗り越え方で『乗り越えられるかどうか』に挑戦しますか？」などの声かけを行う。
❸ いろいろな「乗り越える」に挑戦する ・用意されているいろいろな場所で「乗り越える」ことに挑戦する。	●「乗り越える」ことの面白さを体験で復習させる。技を用いなくてもよいと声かけを行う。
❹ 技を使って「乗り越える」に挑戦する ・ペアになって、「練習の場」で練習し、「本番の場」でチェックをし合いながら学習する。 ・基本技（開脚跳び，閉脚跳び，台上前転）には必ず一度は挑戦する。 〈技のポイントのワークショップ〉 1)「開脚跳び」「閉脚跳び」（2時間目） 2)「閉脚跳び」「台上前転」（3時間目） 3)「台上前転」「開脚跳び」（4時間目）	●「本番の場」は本番だけなので、そこで練習する子どもには「練習の場」に行くように促す。 ●つまずきのある子どもには、個別に指導を行う。 ●技の説明を聞きたい子どものみ、教師のもとに集合してポイントを説明する。 ●3つの基本技を1時間に2つずつ解説する。  ★跳び箱運動の楽しさを味わいながら、基本技を身に付けることができている。
❺ ふりかえり ・技を使って上手に乗り越えられた友達を見ながら、技能のポイントを確認する。 ・学習カードに記入をする。	●みんなの前で上手な子に「乗り越えて」もらい、どこがよいのか説明することで、技のポイントを共有する。 ●子どもからもコツを聞くようにする。
❻ 整理運動・片付け	●安全に気をつけて片付けるように指導する。

Ⅱ　アクティブ・ラーニングの授業レシピはこんな感じです　25

授業展開案（5〜6時間目）

本時の目標
跳び箱の条件を変えていろいろな乗り越え方の楽しさを味わいながら，基本技を身に付けることができる。

学習活動と予想される子どもの反応	●留意点　　★評価
❶ 学習の準備をする ・場の準備を行う ・整列，礼 ・準備運動 **❷ 学習の流れを説明する** ・ねらいと本時の学習の流れを確認する。 **❸ いろいろな「乗り越える」に挑戦する** ・用意されているいろいろな場所で「乗り越える」ことに挑戦する。 **❹ できる技で跳び箱の条件を変えて「乗り越える」に挑戦する** ・より高い跳び箱でも乗り越えることができるかどうかに挑戦する。（5時間目） ・向きを変えても乗り越えることができるかどうかに挑戦する。（6時間目） ・基本技には必ず1回は挑戦する。 〈条件を変えたときのポイントのワークショップ〉 1)「高さ」（5時間目） 2)「向き」（6時間目） **❺ ふりかえり** ・技を使って上手に乗り越えられた友達を見ながら，技能のポイントを確認する。 ・学習カードに記入をする。 **❻ 整理運動・片付け**	●単元が進み，上手に技を用いる子とあまり上手に用いられないない子が出てくるが，あくまで「こんなことしても乗り越えることができるかな？」「こんな条件でも乗り越えることができるかな？」という「乗り越えることができるかどうか」が面白いところなのだということを確認する。 ●単元が進んできたので，時間は短くてもよい。 ●高さに挑戦するときのポイントとして，踏み切りを強くすることを押さえる。  ★跳び箱の高さや向き等の条件を変えて，乗り越え方の楽しさを味わおうとしている。 ★跳び箱の基本技を身に付けることができている。 ●みんなの前で上手な子に「乗り越えて」もらい，どこがよいのか説明することで，技のポイントを共有する。 ●子どもからもコツを聞くようにする。 ●安全に気をつけて片付けるように指導する。

Q&A 今さら聞けない!? 指導の基礎・基本!

Q 技能ポイントはどのように指導したらよいでしょう?

A ワークショップの形で技能ポイントを指導する場を設定しましょう。

　全体で細かい技能ポイントを指導するのではなく,子どもたちの「こんな技で乗り越えてみたい」という意欲に応じて,技のポイントを取り上げて指導するようにしましょう。ワークショップ形式にすることで,技能の低い子どもの意欲も大切にしながら指導できます。

Q 技ができた達成感をどうやって味わわせたらよいでしょう?

A 場を,練習の場と発表の場に分けて設定し,発表の場で技に集中できるようにすることが大事。

　練習の場と発表の場をはっきりと分けることによって,発表の場で自分の技に集中して取り組むようになります。発表の場でipadを活用して動画撮影したり,友達に技の達成ぐあいを認めてもらったりすることで,達成感を味わうことができます。

　はじめから子どもたちに「跳び箱運動は技をできるようにならなければいけないもの」という概念をもたせてしまうことは,この運動のNGです。「技を達成しなくちゃいけないこと」となったとき,子どもたちにとっては,「やらなくてはいけない活動」となり,自ら進んで運動しようという意欲につながりません。あくまでも跳び箱運動の面白さは「モノを乗り越えることができるかな」という視点で捉え,いろいろな場をいろいろな乗り越え方で乗り越えることに夢中にさせましょう。

授業レシピ 3　走り幅跳び

高学年 全6時間

どれだけ遠くへ跳び越せるかな？

この運動の面白さ

「跳び越せるかな？」

子どもは何に挑戦しているの？

向こう岸まで跳び越せるかどうか！

　走り幅跳びの魅力を「水たまりを跳び越せるかどうかが面白い運動」と捉えてみましょう。雨上がりの水たまりを跳び越せるかどうか試したことはありませんか!?　あのドキドキワクワク感を砂場で再現してみましょう。水たまりを跳び越せるかどうかチャレンジしていく中で，子どもたちは必然的に「意味のある技能」を身に付けていくはずです。

この単元のゴールイメージ

■跳び越す楽しさに夢中

　「水たまりを跳び越せるかどうか」というドキドキワクワク感と，より大きな水たまりを跳び越せたときの達成感から，子どもは「もっと跳びたい！」と意欲的に走り幅跳びの世界にのめり込んでいきます。

■自律的な課題選択

　「さらに大きな水たまりを跳び越したい」という意欲から，子ども一人ひとりが課題としている技能に主体的に取り組むようになります。また，「跳び越したい！」という思いを子ども全員が共有しているため，トリオ学習での教え合いも活性化します。

■空中姿勢後半のねばり

　「着地に向けて両足を前方に出していく」という技能指導を行わなくても，「水たまりに落ちたくない！」という思いから，空中姿勢後半，自然に足が前方に出てきます。それによって，記録が大きく伸びることが期待できます。

授業の道しるべ

ポイント！　「水たまりを跳び越せるかどうか！」から学習を引き出す！

START これだけは準備する！

- 正しい計測の仕方は大丈夫？
- 1時間目に押さえる
- 水たまりを踏まないように踏み切ろう！
- 2時間目から押さえる
- どの技能から注目するかは，子ども自身が考える！

その1　用具
- □ ブルーシート……大きなものを70〜80cm幅に切って縦長の水たまりを作成
- □ クリップ……ブルーシートの端をとめる
  （水たまりの大きさを調節するための工夫）
- □ ネームプレート……縦5cm, 横70〜80cm。踏んでも割れたりしないもの
  （第4時から水たまりの代わりに置く目標物）

その2　マネジメント
- □ 危険物（石など）の除去
- □ 砂場の掘り起こし（砂の量の確認も含めて）

その3　ポイントとなる技能や押さえたい技能
- □ 助走　　□ 踏み切り　　□ 空中姿勢　　□ 着地

その4　何を考えさせるか＝思考・判断の視点を共有する
- □「水たまりを跳び越すため」の助走はどんな助走？
- □「水たまりを跳び越すため」の踏み切りはどんな踏み切り？
- □「水たまりを跳び越すため」の着地はどんな着地？
- □ そうなると「水たまりを跳び越すため」の空中姿勢はどうなる？

その5　学び方，学習形態
- □ めあてに応じた技能ポイントを選択　　□ 練習内容・場の決定

この声かけがポイント！

「踏み切った瞬間，反対の足のひざを，すばやく高く引き上げてごらん！」
〜走り幅跳びの技能＜リードレッグ＞に着目させる一言〜

GOAL

面白い！走り幅跳びの世界へ

単元計画

跳び越してみよう

<第1時>

❶ 「全力で水たまりを跳び越そう！」

❷ 走り幅跳びは「跳び越す」動きをしていることを知る

走り幅跳びをしている選手

❸ 「跳び越す」体験をふりかえり，さらに大きな水たまりを跳び越すために必要なポイントを考える

- 助走をもっと長くとる。
- 着地で尻を地面につかないようにする。
- もっと高く踏み切る。
- 空中で前に体をもっていく。

❹ 走り幅跳びには助走，踏み切り，空中姿勢，着地の４つの技能があることを知り，次時からの活動の見通しをもつ

○助走	○踏み切り
○空中姿勢	○着地

跳び越し方を工夫してみよう

<第２時，第３時>

❶ 前時で知った４つの技能から，「より大きな水たまりを跳び越す」ために必要だと思うものを考える

助走	踏み切り
空中姿勢	着地

❷ 技能ポイントを知る

（声が多かったものから順番に）

・「より大きな水たまりを跳び越す」ために必要だと思う技能を４つから考えさせ，子どもの必要感から技能ポイントの学習に移れるようにする。

<u>助走</u>｜助走の長さ

最後の３歩（歩幅を短く）

<u>踏み切り</u>｜踏み切り位置

視線（高く）

リードレッグ

<u>空中姿勢</u> 上方に腕を上げる

着地に向けて腕を下げる

<u>着地</u> 足を体より前に出す。ひざを柔らかく曲げる

両足で着地

❸ チャレンジタイム

・いろいろな大きさの「水たまり」で，技能ポイントを意識しながら自分の目標とする場に挑戦する。

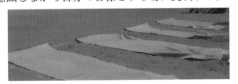

<u>第3時は，メジャーで記録を実測</u>

・踏み切り時の「つま先」から着地時の「かかと」までの距離を計測することを確認する。

> 目標記録の達成に向けて，練習方法を選びながら跳び越してみよう

<第4時，第5時>

❶ レベルアップタイム

・助走，踏み切り，空中姿勢，着地の4つから自分の課題に合わせて場を選び，友達同士で声をかけ合い，教え合う。

・トリオ学習の活用

❷ チャレンジタイム

・走り幅跳びの計測を行い，レベルアップタイムの成果を測るとともに，新たな課題の発見を行う。
（プレートを活用して，自分の目標記録を跳び越す意識をもたせる）

<第6時>

○練習で意識してきたポイントを確認し，記録会を行う。

・記録カードに記入し，どれだけ伸びたかをグラフで表すことで，目標達成の楽しさを味わわせるようにする。

Ⅱ アクティブ・ラーニングの授業レシピはこんな感じです 31

授業展開案（1時間目）

◼本時の目標
「跳び越すことができるかどうか」を楽しみながら，運動に取り組むことができる。

学習活動と予想される子どもの反応	●留意点　★評価
① 集合・整列・あいさつ・学習の流れの確認 ② 準備運動 　○グリコ（片足・両足ジャンプで） ③ 「全力で水たまりを跳び越そう！」① ＜自分が跳びたい場を選んで取り組む＞ 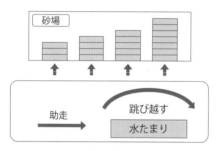	●肩の関節・手首・腰を中心に動かしたり，跳躍したりするように助言する。 ●協力して準備をするように指示する。 ●走り幅跳びという概念にはふれず，自分が今もっているすべての力で，目の前にある水たまりを跳び越すことにチャレンジするよう声かけをする。 ●助走路や跳躍場に人がいないことを確認してから試技に入るよう安全指導を行う。 ●一生懸命跳び越そうとしている子を取り上げて声をかけることで，子どもに跳び越せるかどうかが楽しいことに注目させる。 ★「跳び越す」ことを楽しみながら，運動に取り組むことができる。 ★助走路や跳躍場に人がいないことを確認しながら，安全に取り組もうとする。
④ 「跳び越す」体験をふりかえり，さらに大きな水たまりを跳び越すために必要なポイントを考える ・助走をもっと長くとる。 ・着地で尻を地面につかないようにする。 ・もっと高く踏み切る。 ・空中で前に体をもっていく，など。	●子どもが跳び越すことを楽しむ中で，成功体験から気づいたポイントをいくつか聞き，「跳び越す」ことの楽しさに，「どんなことに気をつけると，うまく跳び越せるのか」という視点を付け加えて次のチャレンジを楽しむように促す。
⑤ 「全力で水たまりを跳び越そう！」② 友達から出てきたポイントを参考にし，どうしたら跳び越すことができるのか考えながら取り組む。	●跳び越すことに試行錯誤しながら取り組む子どものつぶやきや様子を取り上げる。 ★「跳び越す」ことを楽しみながら，運動に取り組むことができる。
⑥ 走り幅跳びは「跳び越す」動きをしていること，走り幅跳びには助走，踏み切り，空中姿勢，着地の4つの技能があることを知り，次時からの見通しをもつ	●水たまりを跳び越すことと，陸上運動の走り幅跳びの構造が同じであることに気づかせる。 ●子どもから出てきた「さらに大きな水たまりを跳び越す」ためのポイントが，走り幅跳びの4つの技能と関連していることに気づかせ，次時からの学習に見通しがもてるように理解を深める。
⑦ 整理運動 ⑧ 整列・あいさつ・片付け	●協力して安全に片付けをするように指示する。

授業展開案（2～3時間目）

本時の目標
「より大きな水たまりを跳び越す」ために必要な技能を考えることができる。

学習活動と予想される子どもの反応	●留意点　★評価
① 集合・整列・あいさつ・学習の流れの確認 ② 準備運動 ③ 場の準備 ④ 「水たまりを跳び越そう」 <自分が跳びたい場を選んで取り組む> 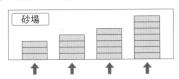 ⑤ 前時で知った４つの技能から、「より大きな水たまりを跳び越す」ために必要だと思うものを考える ○助走　　　　　○踏み切り ○空中姿勢　　　○着地 ⑥ 技能ポイントを知る（声が多かったものから順番に２つの技能についてポイントを知り練習に取り組む） 助走　助走の長さ　最後の３歩（歩幅を短く） 踏み切り　踏み切り位置　視線（高く） 　　　　　リードレッグ 空中姿勢　上方に腕を上げる 　　　　　着地に向けて腕を下げる 着地　足を体より前に出す 　　　ひざを柔らかく曲げる　両足で着地 ⑦ チャレンジタイム ・いろいろな大きさの「水たまり」で、技能ポイントを意識しながら自分の目標とする場に挑戦する。 ⑧ 整理運動 ⑨ ふりかえり ⑩ 片付け・整列・あいさつ	●肩の間接・手首・足首・腰を中心に動かしたり、跳躍したりするように助言する。 ●協力して準備をするように指示する。 ●前時の「跳び越す」楽しさを想起させるよう、一生懸命跳び越そうとしている子どもを取り上げ、声をかける。 ●助走路や跳躍場に人がいないことを確認してから試技に入るように安全指導を行う。 ●前時で学習した４つの技能のうち、今の自分がさらに大きな水たまりを跳び越すために必要だと思う技能を聞き、多い順に技能ポイントの指導を行っていく。 ★「より大きな水たまりを跳び越す」ために必要な技能を考えることができる。 ●練習方法と技能ポイントを具体的に助言する。 ●子ども同士の教え合いの中から出てくる、アドバイスやオノマトペを取り上げ、他の子にも広めていく。アドバイスが適切かどうかについても確認して助言していく。 ★技能ポイントを意識して、練習に取り組んだり、友達に適切な声かけをしたりすることができる。 ●学んだ技能ポイントが試技の中で意識されているか確認し、声かけを行う。 ★「跳び越す」ことを楽しみながら、運動に取り組むことができる。 ●使った部位をしっかりほぐすように助言する。 ●学習中の子どものよさを紹介し、称賛する。 ●協力して安全に片付けするように指示する。 ★安全に留意し、協力して準備や片付け、役割分担ができた。

Ⅱ　アクティブ・ラーニングの授業レシピはこんな感じです

授業展開案（4～6時間目）

本時の目標
目標記録の達成に向けて，練習方法を選びながら運動する。

学習活動と予想される子どもの反応	●留意点　　★評価
① 集合・整列・あいさつ・学習の流れの確認 ② 準備運動 ③ 場の準備 ④ レベルアップタイム 助走　　　　　踏み切り  空中姿勢　　　着地  　4つの技能から自分の課題に合わせて場を選び，友達同士で声をかけ合い，教え合う。 　　（トリオ学習） ⑤ チャレンジタイム ○走り幅跳びの計測を行い，レベルアップタイムの成果を測るとともに，新たな課題の発見を行う。 ○練習で意識してきたポイントを確認し，記録会を行う。＜第6時＞ 	●自分の課題に合った場が選択できているかを確認し，声かけを行う。 ★課題を解決するための練習方法や練習の場を選んでいる。 ●試技回数を増やすのではなく，ポイントを意識させて一回の跳躍を大事にするように声をかける。 ●チャレンジタイムでは，子どもに目標プレートを配付し，その目標を跳び越す意識をもたせながら取り組ませる。 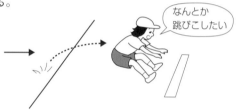 ☆自分に合った助走距離を見付け，リズミカルにスピードを落とさず助走することができる。 ☆タイミング良く踏み切ると同時に，一方のももを強く引き上げることができる。 ☆踏み切り後，上方へのフワッとした感覚をつかみ，着地に向けて腕を振り下ろすことができる。 ☆柔らかく膝を曲げ，両足で着地することができる。 ●計測指導，助走路や計測場の安全指導を行う。 

Q&A 今さら聞けない!? 指導の基礎・基本!

Q 助走の距離はどのくらいとらせたらよいですか?

A 15～20mが適切です。

　小学生の短距離走において,スタートからトップスピードに乗るまでに,およそ12mかかるといわれています。助走後半の踏み切りに向かう最後の3歩の距離も考えると,15～20mが適当です。子どもによっては,より長い助走が大きな跳躍につながると考えている場合があるので,適切な助走距離を指導していく必要があります。

Q 測定の方法はどのように行うのですか?

A 踏み切った足のつま先から,着地した足のかかと(踏切板に近い方)まで測ります。

　走り幅跳びの競技では,踏切板の先端から着地した足のかかとまでを測定しますが,小学校段階においては,「実際に跳んだ距離を測定して,記録の伸びを実感できるようにしていくこと」が望ましいです。測定の際には,踏み切り足のつま先を見る人と,着地時のかかとを見る人を決め,役割分担をしっかりしてから行うことが大切です。

　単元の前半は,水たまりを目標として「跳び越すことができるかどうか」にチャレンジしながら,助走,踏み切り,空中姿勢,着地の4つの技能について工夫をします。後半は記録を測定し,自分の記録を目標として,走り幅跳びの世界へとつなげていきます。そこで大切にしたいのが,前半の「水たまり」跳び越しを授業導入の工夫として位置づけないことです。後半は「水たまり」こそありませんが,自己の記録の位置に個人のプレートを置き,プレートを「跳び越すことができるかどうか」に挑戦します。その結果,走り幅跳びの楽しさにふれながら,技能と記録を伸ばしていく子どもの姿を見ることができます。

授業レシピ 4　　水遊び

低学年全10時間扱い

水の中を移動できるかな？

この運動の面白さ

「水の中を移動できるかな？」

子どもは何に挑戦しているの？

水の中で移動することができるかな？

　水遊びの魅力を「水の中で移動することができるかどうかが面白い運動」と捉えてみましょう。いつも生活している空気とは違う水の中で，水の抵抗や浮力を感じさせながら様々な移動（上下や横）を体験させましょう。いろいろな方法で移動できるかチャレンジしていく中で，子どもたちは必然的に「意味のある技能」を身に付けていくはずです。

この単元のゴールイメージ

「水の中を移動できるかな？」に夢中になって，子どもたちがこんな動きを身に付ければこの単元はOKです！

■水の中で歩ける，走れる
◇手と足を動かして前へ進む
◇手で水をかく

■浮ける，浮いて移動できる
◇壁や補助具，人につかまって浮く
◇全身の力を抜いて浮く
◇浮いて移動する

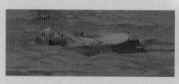

■水中で息を吐ける
◇口や鼻から息を吐く

■潜れる
◇目を開けられる

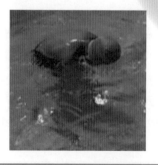
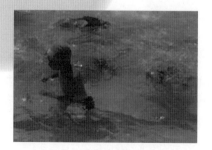

授業の道しるべ

ポイント！ 「水の中で移動することができるかな？」から学習を引き出す

START これだけは準備する！

その1 用具
- □ 宝（なるべく多く）
- □ フラフープ
- □ コンテナなどの水に沈めて台にできるもの

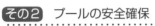

水泳指導の約束を学年で再確認しましょう！

1時間目に押さえる

その2 プールの安全確保
- □ 危険物の撤去
- □ 水深の調整
- □ 水泳指導時の約束の確認（バディ，笛の合図など）

その3 移動を体験させる
- □ 洗濯機【横移動】
- □ 宝探し【上下移動】

いろいろなやり方で水の中を動こう！

2時間目から押さえる

- □ 岩跳び越し【移動→浮く】
- □ 船【浮く→移動】

遊びながら様々な移動が経験できるようにする！

この声かけがポイント！

GOAL

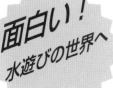
面白い！水遊びの世界へ

どうしたらはやく進めるかな？

岩や壁に跳び移ってみよう！

Ⅱ アクティブ・ラーニングの授業レシピはこんな感じです

単元計画

・水の中を歩いたり走ったりしよう

❶ オリエンテーション
・ルールや約束を確認する。
・バディの確認をする。

❷ 準備運動，水慣れ
●水に入ろう！

❸ 水遊び①
水の中を歩いたり走ったりして，移動することを楽しもう
●プールの向こうまで競争しよう！

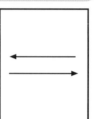

❹ パワーアップタイム
●水かけ合いっこをしよう！

❺ 水遊び②
●鬼ごっこ
いろいろなやり方で水の中を移動してみよう
●動物まねっこ

❻ ふりかえり，整理運動，バディの確認
発問 今日の水遊びはどうだったかな？
・ウサギさんが一番早かった。
・もっといろいろな動物になってみたい！

潜ったり浮いたりしてゲームや遊びをしよう

❶ 準備運動，水慣れ
[3,4時間目]

❷ 水遊び①
水の中を歩いたり走ったりして移動することを楽しもう
●洗濯機
浮くことで水面を移動できるかな
●岩跳び越し
□：コンテナ

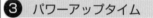
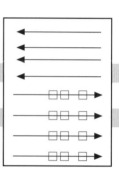

❸ パワーアップタイム
何秒浮いていられるかな

❹ 水遊び②
●ビート板ハンモック

[5,6時間目]

❷ 水遊び①
潜ることで水の中で下に移動できるかな

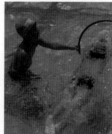

●トンネルくぐり
・ビート板を使ってフラフープに触らないようにくぐれるかな。潜りながらくぐれるかな。
●宝さがし
・水の中に沈んだ宝を集めよう。

❸ パワーアップタイム
もっと宝を探すために，潜水艦になる練習をしよう！
・ブクブクと口から泡をたくさん出してみよう。
・鼻からも泡を出せるかな。
・潜ってブクブクできるかな。
・泡を出しながら，じゃんけんしてみよう。

❹ 水遊び②
●もう一度宝さがしに挑戦しよう。

❺ ふりかえり
発問 今日の水遊びはどうだったかな？
・プカプカ浮いて気持ちよかった！

浮いて移動してみよう

① 準備運動，水慣れ

② 水遊び①
浮いたまま移動できるかな
●船になって進もう！

③ パワーアップタイム
船をパワーアップさせよう！

④ 水遊び②
潜ったり浮いたりしてゲームや遊びをしよう
●海賊の島で冒険しよう！
・3〜6時で行った遊びを組み合わせて冒険を楽しもう。
・それぞれのエリアで海賊になりきって遊ぼう。

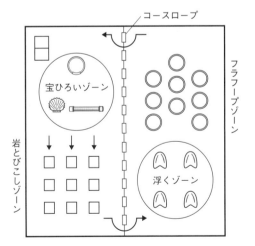

⑤ ふりかえり
発問 今日の水遊びはどうだったかな？
・体をまっすぐにした方が船が速かった！
・宝ひろいゾーンが面白かった。
・息をいっぱい吸うと浮きやすかったよ。

浮いて移動してみよう

① 準備運動，水慣れ

② 水遊び①
浮いたまま移動できるかな
●船になって進もう！

③ パワーアップタイム
船をパワーアップさせよう！

④ 水遊び②
●いろいろなリレーをしよう。
・走る
・動物のまねっこ
・船

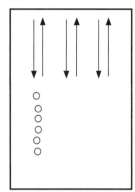

⑤ 検定

⑥ ふりかえり
発問 いままでの水遊びはどうだったかな？
・動物になったり海賊になったりして面白かった！
・水の中で速く進むコツがわかった。
・水に浮かぶためには，息をいっぱい吸って力を抜くとよいことがわかった。
・いろいろな浮き方ができるようになって楽しかった。

Ⅱ　アクティブ・ラーニングの授業レシピはこんな感じです　39

授業展開案（1～2時間目）

本時の目標
水の中を歩いたり走ったりしよう。

学習活動と予想される子どもの反応	●留意点　★評価
① オリエンテーション ・安全に遊ぶためのルールや約束を確認する。 ・バディの確認をする。	●指導すること ・安全面（プールサイドは走らない，水の入り方，跳び込まないなど） ・プールでの約束（笛の合図で注目したり，プールから上がったりする） ・人数確認の方法（バディ）
② 準備運動，水慣れをする ○水に入ろう！ ・水に入るまでの手順を知る。 ・雨が降るぞ！	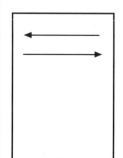 ●子どもはプールサイドで，教師がプールの水をかける。 ●水の中を歩いたり走ったりして，移動することを楽しませる。
③ 水遊び①をする ○プールの向こうまで競争しよう！ ・プールの向こう側まで誰が一番はやく移動できるかな。	
④ パワーアップタイム ○水かけ合いっこをしよう！ ・プールの線の上に並んで，水をかけ合う。 ・線の上から落ちたら負け。	★歩いたり走ったりしている。
⑤ 水遊び②をする ○鬼ごっこ ・プールの中で鬼ごっこをしてみよう！ ・どうしたらはやく逃げられるかな？ つかまえられるかな？ ○動物まねっこ ・カニ（プールの縁につかまって移動してみよう） ・カンガルー ・ウサギ ・ワニ ・ゾウ　など	●いろいろなやり方で水の中を移動させる。 ●10回のジャンプでどこまでいけるかなど，なるべく遠くまでジャンプさせるように声をかける。 ●遠くまでジャンプしている子どもをほめる。
⑥ バディの確認，ふりかえり，整理運動 発問　今日の水遊びはどうだったかな？	

授業展開案（3～4時間目）

本時の目標
潜ったり浮いたりしてゲームや遊びをしよう。

学習活動と予想される子どもの反応	●留意点　★評価
①　準備運動，水慣れ ・水かけ合いっこ ・動物まねっこ ・プールの向こうまで競争（歩く・走る） **②　水遊び①をする** ○洗濯機 ・プールのまわりを同じ方向に歩いて，しばらくしたら反対まわりで歩いてみよう。 ・流れに乗って足を床から離してみよう。 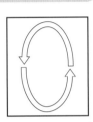 ○岩跳び越し ・あそこまで跳び移れるかな。 ・向こう岸の友達に手を引いてもらおう。 ・岩と岩をどんどん離してみよう。 （動物のまねをしたり，歩いたり走ったりさせます。） （コンテナの上を跳んで渡ります。） 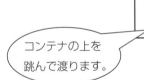 **③　パワーアップタイム** ・大の字になって浮いてみよう。 ・ひざを抱えて浮いてみよう。 **④　水遊び②をする** ●ビート板ハンモック ・上向きでビート板につかまって浮いたり進んだりしてみよう（二人組になって）。 ・友達に引っぱってもらおう。 **⑤　ふりかえり** 発問　今日の水遊びはどうだったかな？	●水の中を歩いたり走ったりして移動することを楽しませる。 ●水の流れがある程度出てきたら反対まわりをさせる。 ●プールサイドに4列で並ばせ（目印にマーカーを置いておくとよい），順番に岩跳び越しをさせる。反対側に着いたら，プールサイドに上がり，動物のまねなどをして戻らせる。 ●慣れてきたらコンテナの間隔を広げたコースをつくる。 ●浮く態勢につながる動きを称賛する。 ●何秒浮いていられるか挑戦させる。 ●子どもがイメージしやすいように，教師が見本を見せる。 ●力が入りすぎている子どもには沈まないように支えて安心させる。

授業展開案（9〜10時間目）

本時の目標
浮いて移動してみよう。

学習活動と予想される子どもの反応	●留意点　　★評価
❶ 準備運動，水慣れ ・水かけ合いっこ ・鬼ごっこ ❷ 水遊び①をする 浮いたまま移動できるかな ●船になって進もう！ ・バディになって，友達の肩につかまり移動しよう。 ・ビート板を使ってやってみよう。 ❸ パワーアップタイム 船をパワーアップさせよう！ ・船をパワーアップさせるために，壁につかまってバタ足をしてみよう。 ❹ 水遊び②をする ●リレーをしよう。 ・まず走ってリレーをしよう。 ・もっとはやく向こうまで行くために工夫してリレーしてみよう。 ・友達を引っぱってリレー（バディになり，一人がもう一人を引っぱる） ・障害物リレー 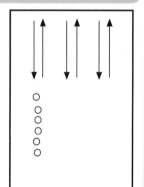 ❺ 検定 ❻ ふりかえり 発問　今日の水遊びはどうだったかな？	 ●ビート板を用意し，使わせる。 ●口から泡を出したり，顔をつけるともっとはやく進めることを伝える。 ●足に力を入れすぎないこと。 ●チームごとに並ばせる。 ●壁にタッチして戻ってくる折り返しリレー。 ★もっと速く移動するための方法を考えている。 ●自分ができるようになったことを思い出させる。

Q&A 今さら聞けない!? 指導の基礎・基本！

Q 水をこわがって顔がつけられない子どもにどう指導するとよいですか？

A たくさん水遊びをさせます。

　まず，水に入ることができていることをほめましょう！
　次に，水に顔をつけなくてもできる水遊びをたくさん経験させます。夢中になって遊んでいるうちに水が顔にかかっても大丈夫になってきます。そうなったらしめたもの。すくった水を顔にかけて顔を洗うことに挑戦させたり，水かけっこをしてみたり，肩まで水につかり少しずつ下がっていったりとスモールステップでできることを増やしていきましょう。少しでもできたらたくさんほめてあげてください。やる気につながります。

Q 見学の子どもには何をさせればよいのでしょう？

A 「書く」活動をさせます。

　プールサイドにただいるだけでは学習になりません。見学カードやノートなどに友達の良かったことや授業内容などを書かせましょう。「友達の良いところを○個」と課題をはっきりさせておきます。発達段階に応じた課題を与えてください。また，見学中の子どもの健康状態にも配慮が必要です。

- はじめの人数確認や，動きをする前の説明に時間がかかり，運動する時間が短い。
  → 共通の水泳指導のルールやわかりやすい指示が必要です。水泳指導の前に学校のルールや合図などを確認し，学年でも話し合っておくことが大切です。また，水遊びの時などは，新しい遊びばかり取り入れるのではなく，鬼遊びや電車ごっこなどのふだん校庭などで体験している遊びをさせると説明時間の短縮につながります。
- バブリングやボビングの練習をする。
  → 水の中で息を吐いたり跳び上がって空中で息を吸ったりすることをそのままやらせるのではなく，遊びの中でそれを取り入れることで子どもたちは楽しみながら技能を身に付けていきます。水の中で言葉をしゃべらせてだんだん長い言葉に変えていったり，ロケットになったつもりで水中に潜らせて跳び上がらせたり……などの工夫ができます。

Ⅱ　アクティブ・ラーニングの授業レシピはこんな感じです　43

授業レシピ 5 キャッチバレーボール

高学年 全6時間

落とさず，つくって，アタックしよう！

この運動の面白さ

「落とす」
「落とさせない」
「組み立てる」

子どもは何に挑戦しているの？

スパイク，レシーブ，トスはただの「動き」であって，バレーボールそのものでも，ゲームの技能でもありません。

バレーボールは，「落とさせない」で，「うまく組み立て」て「落とす」と得点できる運動です。ですから，バレーボールでは，3つのゲームの「局面」の楽しさを味わい，技能を身に付けることをねらいとします。

キャッチバレーボールは，「味方のコートにボールを落とさせない」，「組み立てる」，「相手のコートにボールを落とす」という3つのポイントを損なわないように，レシーブやトスのはじく技能の壁を「キャッチ」という形で易しくしています。技能の壁を取り払うことで，子どもたちはバレーボールのゲームの面白さに夢中になります。

この単元のゴールイメージ

ボールを「落とす」「落とさせない」で「組み立てる」に夢中になって，子どもたちがこんな動きを身に付ければこの単元はOKです！

■セッターは，「背中をネットに向ける」

相手のコートにボールを落とすためには，セッター（2番目の人）が「落としやすいボール」をあげることが大事です。

■バックアタック

両サイドの子どもがアタックを打つぞとネット前に出てくる。それをおとりにして後ろからアタックを打つ攻撃方法。

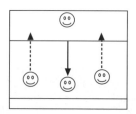

■クロス攻撃

2人の子どもがクロスして，走りこむ。セッターはどちらかの子どもにトスを上げてアタックを打つ攻撃方法。セッターは，フェイントをいれてもよい。

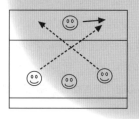

■オープン攻撃

真ん中にいる子どもが，前に走りこんでアタックを打つと見せかけ，セッターは外にいる子どもにトスを上げて，アタックを打つ攻撃方法。

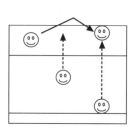

授業の道しるべ

ポイント！ 3つの局面から学習を引き出す

その1　用具
- ソフトバレーボール：チームの数と同じ数
- ゼッケン：人数分
- ストップウオッチ：1つ
- 得点板：コートの数と同じ数
- ブザー：コートの数と同じ数
- チームの対戦表

その2　授業の道しるべ（マネジメント）
Q：人数は何人ぐらいがいいですか？　A：4人から5人がちょうどいいです。
Q：ボールは何がいいですか？　A：ソフトバレーボールが扱いやすいです。
Q：ネットの高さは？　A：高学年だと185cmくらいがちょうどよいです。
Q：ローテーションは必要ですか？
A：ローテーションをすることで3つの局面を経験することができます。
Q：ネットを張るのが大変そうですが。
A：事前に補助支柱を支柱につけておくと，準備がスムーズです。

その3　ポイントとなる技能や押さえたい技能

☐ 落とす　　　　☐ 落とさせない　　　　☐ 組み立てる

その4　何を考えさせるか＝思考・判断の視点を共有する
- どうやったら落とせるか
- 組み立てるための役割分担はどのようにしたらよいか
- 落とさせないためのポジション取り

その5　学習の流れ
☐ ゲームをやってみる（ゲームⅠ）→ チーム練習 → ゲームⅡ → ふりかえり

START これだけは準備する！
役割分担を決めて協力して準備しよう

1時間目に押さえる
相手のコートにどうやったらボールを落とせるか

2時間目から押さえる
落とすためには，ここがポイントになる！

この声かけがポイント！

2番目の人（セッター）が，「落としやすいボール」を上げることが大事。
⇒2番目の人は，「ネットに背を向けて構える」ことをはやく伝える!!

GOAL
攻撃のバリエーションが劇的にアップ!!

単元計画

ルールと試合に慣れてゲームをしよう

❶ バレーボールの面白さを説明する
・相手のコートにボールを落としたら勝ち，味方のコートにボールを落とされたら負け。

❷ ボールに慣れる簡単な遊び
・投げ上げたボールを様々な姿勢でキャッチする。

❸ はじめのルールの説明をする
・バドミントンダブルスコート
・ネットの高さは185cm程度
・ローテーションを行う。
・ラリーポイント制。15点先取か，7分間で行う。
・サーブは，両手で投げ入れる。
・ボールはキャッチする。キャッチしたら3秒以内にパスをする。
・必ず3回でボールを相手コートに返す。
・3人目の人だけ，ボールをはじくことができる。
・ブロックすることはできる。

❹ ゲームをやってみる
・ボールを「相手のコートに落としたら勝ち」「味方のコートに落とされたら負け」を具体的にコートを使って再確認する。

❺ チーム練習
・トスとアタックの練習
・2番目の人（セッター）が「落としやすいボール」を上げることが大事。⇒2番目の人は，ボールが来たら，ネットに背を向けて構える。

❻ ゲームをやってみる
♠ゲーム様相
・2番目の人（セッター）が，ネットに背を向けている様子が見られるようになる。

❼ ふりかえり
発問 バレーボールの面白さって何だったかな？
・相手のコートにボールを落としたら勝ち，味方のコートにボールを落とされたら負け。
発問 今日のゲームはどうだった？
・ボールキャッチができるから，ラリーができる。
・アタックが打てて楽しい。

落とすことを工夫してゲームをしよう

❶ ゲームⅠ
「落とすこと」を工夫してゲームをしよう」
・2番目の人（セッター）を固定する。
・2番目の人（セッター）はネットに背を向ける。
♠ゲーム様相
・セッターを固定することで，ネットに背を向ける場面が多くなる。
・バックアタックをする子どもが見られるようになる。

❷ チーム練習
・ブロックの有効性を確認する。
・コートを縦にハーフコートで行う。
①サーブ⇒②キャッチ⇒③セッター⇒④アタック⇒⑤ブロック
役割はローテーションをする。

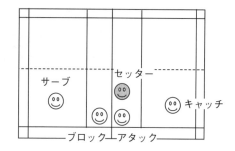

❸ ゲームⅡ
・2番目の人（セッター）を固定するかどうかは，子どもの様子や子どもの願いから対応する。
♠ゲーム様相
・ブロックをする子どもが現れてくる。
・セッターを固定しているチームのほうが攻撃の多様性が見られる。

❹ ふりかえり
発問 今日のゲームはどうだった？
・「ネットタッチ」は相手の得点にしたほうがよい。

落とすことを工夫してゲームをしよう

❶ ゲームⅠ

「落とすこと」を工夫してゲームをしよう」

- 2番目の人(セッター)を固定する。
- 2番目の人(セッター)はネットに背を向ける。
- 「ネットタッチ」は相手の得点になることを確認。

♠ゲーム様相

- 特定の子どもがアタックをしていると相手にマークされ、ブロックされる場面が増える。

❷ チーム練習

- 攻撃の選択肢を増やすために、チームごとに攻撃方法を考え、練習する。
- コートを縦にハーフコートで行う。

〈バックアタック〉　　〈クロス攻撃〉

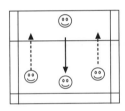 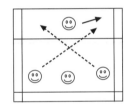

〈オープン攻撃〉　　〈移動攻撃〉

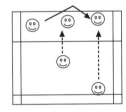 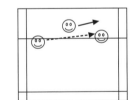

❸ ゲームⅡ

♠ゲーム様相

- キャッチする人、ブロックをする人などチームの特徴を生かした戦術が見られるようになる。

❹ ふりかえり

- 「できるか」「できないか」に一生懸命になっているときが楽しいことを伝える。

発問 今日のゲームはどうだったかな?

- クロス攻撃が決まって気持ちよかった。

組み立てることを工夫してゲームをしよう

❶ ゲームⅠ

「組み立てること」を工夫してゲームをしよう」

- 4対4のゲーム⇒6対6のゲーム
- セッターを固定するかしないかはチームに任せる。

♠ゲーム様相

- アタックを打つだけでなく、相手チームのポジションを見てフェイントする様子が見られるようになる。

❷ チーム練習

- 「ゲームⅠ」での気づきをもとに練習する。セッターを固定するかしないかも含め、チームごとに必要な練習をする。

〈練習例〉

　トス・アタックの基礎練習
　サーブ練習
　クロス攻撃、バックアタック、オープン攻撃
　アタックを受けるときのポジション

❸ ゲームⅡ

- 「組み立て」が安定し、戦術が多く見られるようになったら、「2人目はボールを両手ではじく」ルールに変更してもよい。

♠ゲーム様相

- フェイントが多いチームには、フェイントに備えたポジションを取るなど、相手チームに合わせた戦術が見られるようになる。

❹ ふりかえり

発問 今日のゲームはどうだったかな?

- 6人でゲームをするといろいろな攻撃ができた。
- 6人でゲームをするとチームの一体感が出た。

まとめ

- キャッチバレーボールの面白さは、「相手のコートにボールを落とす」「味方のコートにボールを落とさない」「組み立てる」この3つをめぐる攻防にあり、みんなが夢中になったことだとまとめる。

授業展開案（1時間目）

本時の目標
キャッチバレーボールのルールと試合に慣れる。キャッチバレーボールのゲームを楽しむことができるようにする。

学習活動と予想される子どもの反応	●留意点　　★評価
❶　学習の準備をする ・ゼッケン　・得点板2　・ボール2～3個 ・電子ホイッスル2個 ・コート数2　・チーム数5 **❷　バレーボールの面白さを説明する** ・相手のコートにボールを落としたら勝ち，味方のコートにボールを落とされたら負け。 **❸　ボールに慣れる簡単な遊び** ・投げ上げたボールを様々な姿勢でキャッチする。 **❹　はじめのルールの説明をする** **❺　ゲームをやってみる** ・ボールを「相手のコートに落としたら勝ち」「味方のコートに落とされたら負け」を具体的にコートを使って再確認する。 **❻　チーム練習** ・トスとアタックの練習 ・2番目の人（セッター）が「落としやすいボール」を上げることが大事。⇒2番目の人は，ボールが来たらネットに背を向けて構える。 **❼　ゲームをやってみる** ・2番目の人（セッター）がネットに背を向けている様子が見られるようになる。 **❽　ふりかえり** 発問　バレーボールの面白さって何だったかな？ ・相手のコートにボールを落としたら勝ち，味方のコートにボールを落とされたら負け。 発問　今日のゲームはどうだった？ ・ボールをキャッチできるから，ラリーができる。 ・アタックが打てて楽しい。 **❾　整理運動・片付け**	●用具は決められた分担ごとに準備する。 ●バレーボールの面白さを確認することは，3つの局面の楽しさを味わい，技能を身に付けるために必要不可欠なことです。しつこいくらいに何度も確認しましょう。 ●ルールは以下のとおりで行う。 ・バドミントンダブルスコート ・ネットの高さは185cm程度 ・ローテーションを行う。 ・ラリーポイント制。15点先取か，7分間で行う。 ・サーブは両手で投げ入れる。 ・ボールはキャッチする。キャッチしたら3秒以内にパスをする。 ・必ず3回でボールを相手コートに返す。 ・3人目の人だけ，ボールをはじくことができる。 ・ブロックすることはできる。 ●よいプレーを具体的にほめ，価値づけをする。 ●サーブを受けるときに，セッターがネットを背にして味方の方に背を向けることは，待っていても子どもから気づくことは難しいことです。このような動きについては，教師から提示するようにする。 ★ゲームに進んで取り組んでいる。 ●大切なこと（バレーボールの面白さ）は何度も確認する。 ●第1時は，まずはゲームに慣れることが大切です。ルールが理解できたらOKです。 ●用具は決められた分担ごとに片付ける。

48

授業展開案（2時間目）

本時の目標
落とすことを工夫してゲームができるようにする。

学習活動と予想される子どもの反応	●留意点　　★評価
① 学習の準備をする ・ゼッケン　・得点板2　・ボール2～3個 ・電子ホイッスル2個 ・コート数2　・チーム数5 **② ゲームⅠ** ・2番目の人（セッター）を固定する。 ・2番目の人（セッター）はネットに背を向ける。 ・特定の子どもがアタックをしていると相手にマークされ，ブロックされる場面が増える。 **③ チーム練習** ・ブロックの有効性を確認する。 ・コートを縦にハーフコートで行う。 　①サーブ⇒②キャッチ⇒③セッター⇒④アタック 　⇒⑤ブロック 　役割はローテーションをする。 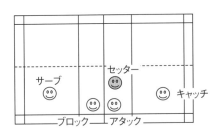 **④ ゲームⅡ** ・ブロックをする子どもが現れてくる。 ・セッターを固定しているチームのほうが攻撃の多様性が見られる。 **⑤ ふりかえり** ・「できるか」「できないか」で一生懸命になっているときが楽しい。 発問　今日のゲームはどうだった？ ・「ネットタッチ」をしたら，相手の得点になるようにしたほうがよい。 **⑤ 整理運動・片付け**	●用具は決められた分担ごとに準備する。 ●前時の授業の様子から，ルールの変更点があれば，確認する。 ●よいプレーを具体的にほめ，価値づけをする。 ●勝負だけにこだわる子どもが見られる場合がある。そのときは，バレーボールの面白さの中には，「できるか」「できないか」で一生懸命になっているときが楽しいことを伝えるようにする。 ●ゲームⅠの中で，よい動きをしている子どもを取り上げ，全体に広めるようにする。例えば，本時では「ブロックの有効性」を取り上げるので，ゲームⅠの中でブロックをしていた子どもを取り上げる。ゲームの中でブロックをしている子どもがいなければ，教師が紹介する。 ●チームごとに攻撃の仕方（戦術）を考えて練習をしていてもよい。 ●ハーフコートでの練習では，すべての役割を経験できるように，ローテーションするとよい。 ●2番目の人（セッター）を固定するかどうかは子どもの様子や子どもの願いから対応する。 ★ボールを相手コートに落とすことができる。 ●「できるか」「できないか」の楽しさは，子どもには伝わりにくいので，接戦をしていたチームの子どもから，そのときの「勝つか」「負けるか」のドキドキを例にして紹介するとよい。 ●子どもから出てきたルールは，特性を損なわなければ，できるだけ採用するようにする。 ●用具は決められた分担ごとに片付ける。

Ⅱ　アクティブ・ラーニングの授業レシピはこんな感じです

授業展開案（5時間目）

本時の目標
組み立てることを工夫してゲームができるようにする。

学習活動と予想される子どもの反応	●留意点　　★評価
❶　学習の準備をする ・ゼッケン　・得点板2　・ボール2〜3個 ・電子ホイッスル2個 ・コート数2　・チーム数5 **❷　ゲームⅠ** 「組み立てること」を工夫してゲームをしよう ・4対4のゲーム⇒6対6のゲーム ・セッターを固定するかしないかはチームに任せる。 ・様々な攻撃パターンが見られるようになる。 ・アタックを打つだけでなく，相手チームのポジションを見て，フェイントする様子が見られるようになる。 **❸　チーム練習** ・「ゲームⅠ」での気づきをもとに練習する。セッターを固定するかしないかも含め，チームごとに必要な練習をする。 <練習例> 　・トス・アタックの基礎練習 　・サーブ練習 　・クロス攻撃，バックアタック，オープン攻撃 　・アタックを受けるときのポジション **❹　ゲームⅡ** ・フェイントが多いチームには，フェイントに備えたポジションを取るなど，相手チームに合わせた戦術が見られるようになる。 **❺　ふりかえり** 発問　今日のゲームはどうだったかな？ ・6人でゲームをするといろいろな攻撃ができた。 ・6人でゲームをするとチームの一体感が出た。 ・ラリーをして相手のミスを誘えた。全員が難しいボールを拾えて，攻撃につなげることができ，練習の成果を出せた。 **❻　整理運動・片付け**	●用具は決められた分担ごとに準備する。 ●早く準備ができたグループは，グループ練習に取り組んでもよい。 ●よいプレーを具体的にほめ，価値づけをする。 ●プレーが思うようにいかない場合，「落とせていないのか」「組み立てが悪いのか」「落とさせてしまっているのか」を視点に話し合いをするように言葉かけをする。 ●自分のチームの特徴を生かすように言葉かけをする。 ●プレーがなかなかうまくできないチームには，積極的にチームに入って言葉かけを行うようにする。 ★自分のチームの特徴に応じた攻め方を考えている。 ●キャッチやトスがうまくできるようになったら，1人目や2人目もはじくようなルールに変更してもよい。 ★相手チームの動きを予想して，チームの攻め方を考えている。 ●「組み立て」がうまくできていたチームを紹介し，「よい組み立て」のイメージがもてるようにする。 ●用具は決められた分担ごとに片付ける。

50

Q&A 今さら聞けない！？ 指導の基礎・基本！

Q ボールは何回で返すとよいの？

A 3回

飛んできたボールを「落とさせない」ためのレシーブ（1回目），セッター役が「組み立てる」ためのトス（2回目），そして「相手コートに落とす」ためのアタック（3回目）こそがバレーボールの運動の魅力なのです。だから，3回がベスト！

Q ずっと「キャッチ」でゲームを続けるの？

A ゲームが進んできたら，アタック→トスの順で，はじくルールに変えてもよい。

ゲームに慣れてくると，子どもたちは自然に「はじく」ようになります。その次にトスも「はじく」。レシーブの「キャッチ」は最後まで残したほうが作戦（戦術）を存分に楽しむことができます。

Q サーブはどこから打つの？

A コート中央より後ろから

エンドラインにこだわる必要はありませんが，サーブから一定の時間（間）のあることが大切です。その間にレシーブの体勢をつくったり，作戦を考えたりする時間が生まれるのです。

これはダメ！NG指導

　キャッチ回数は，単元後半では1回に制限するようにします。このルールを取り入れると，子どもたちは相手コートから来るボールをまずはキャッチしてキープし，セッター，アタッカーへとボールをつなぎます。しかし，慣れてきたら最初がんばってボールをはじいてセッターにボールを運び，セッターの位置の子がキャッチするようになります。そうすることで，フェイントやクイック，オープンや平行といったトスを上げてアタックにつなげるといったバレーボールっぽい作戦が実現するようになります。いつでもすべてキャッチありというルールにしてしまっては，面白さの構造が崩れてしまいます。

授業レシピ **6** バスケットボール

高学年 全8時間

「運べる？」「かわせる？」「入れられる？」

この運動の面白さ

「運ぶ」「つくる」「入れる」

子どもは何に挑戦しているの？

ゴールするために，ボールを運んでかわせるかな？

バスケットボールの魅力を「ボールを運べるかどうか」「（相手をかわして）シュートポイントをつくれるかどうか」「シュートが入るかどうか」の3つに整理して考えてみましょう。今，目の前の子どもは何にチャレンジしているのかがはっきりとしてきます。また，子どもたちも「どの局面を意識して作戦を立てているのか」がわかりやすくなり，練習したことが直接ゲームに生かされるようになります。

この単元のゴールイメージ

「運べる？ かわせる？ 入れられる？」に夢中になって，子どもたちがこんな動きを身に付ければこの単元はOKです！

■シュートすることができる
◇レイアップシュート
◇ゴール下シュート
◇ミドルシュート

■ボールを操作することができる
◇胸の前でボールをキャッチ（次にパスができる）
◇チェストパス
◇ボールの手渡し

■パスを受けるための動き
◇相手のいない位置に動く
◇友達との位置関係を三角形にする

■スペースをつくる動き
◇スクリーンプレーで壁役になる
◇シザーズでボールを持たずに相手をひきつける
（状況によって，使い分けられることが大事）

授業の道しるべ

ポイント！ 「3つの局面」から学習を引き出す！

START これだけは準備する！

その1 用具
- □ ボール（人数分）
- □ 得点板
- □ ゼッケン
- □ 模造紙（子どもの意見を整理します）

チーム分けは大丈夫？

1時間目に押さえる

その2 ルールの確認
- □ トラベリングなし＝ボールを持って走れる！
- □ 3 on 3

シュートを入れるためには、かわすことが大事

2時間目から押さえる

その3 バスケットの局面を整理する＝その「必要性」を子ども全員と共有する
□ 運ぶ　　　　　□ つくる　　　　　□ 入れる

①つくる
②入れる
③運ぶ
の順で考えさせる

その4 何を考えさせるか＝思考・判断の視点を共有する
- □「シュートポイントをつくるため」には、どんな動きをしたらいいかな？
- □「シュートを入れるため」には、どうすると入りやすい？
- □「ボールを運ぶため」には、どんな動きをしたらいいかな？
- □ 今のチームの課題は3つの局面のどれかな？　どんな練習が必要かな？

その5 兄弟チームの活用＝何を学ぶか？　を共有する
- □ お互いにゲームの状況を伝え合う　　□ 練習内容・場の決定

この声かけがポイント！

「ボールを持っている人が止まったら、他の人はどう動く？」
〜ボールを持たない人の動きに着目させる一言〜

GOAL

面白い！バスケットボールの世界へ

Ⅱ　アクティブ・ラーニングの授業レシピはこんな感じです

単元計画

ルールと試合に慣れてゲームを楽しもう

❶ はじめのルールの説明をする
3 on 3
- 1ゲーム2分半×表裏×2回
- ボールが，センターサークル内から出たらスタート

- オフェンスがシュートを入れる。
- ディフェンスが攻撃を阻止 → センターサークルからリスタート

❷ ゲームⅠ
♠ゲーム様相
- 1人でフェイントをかけて，ディフェンスをかわして，シュートしようとするがうまくいかない。

❸ ふりかえり・共通練習
発問 シュートを入れるにはどうしたらいいかな？
- ノーマークの状態でシュートする。

[共通練習　〜シザーズプレー〜]

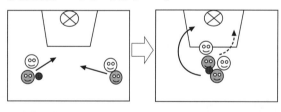

- 味方同士でボールをはさみ，その瞬間にどちらか一方がボールを保持して運ぶ。

❹ ゲームⅡ
♠ゲーム様相
- シザーズプレーによって，ディフェンスをかわそうとしたり，かわした後にそのままシュートをしたりしようとするようになる。

❺ ふりかえり
発問 ディフェンスをかわしてシュートできたとき，どんなことを感じましたか？
- シュートが狙いやすかった。
- 面白い！

かわすことを工夫してゲームをしよう

❶ 準備運動・ボール慣れ
ボール操作に慣れよう！ サバイバルゲーム（2時間目）

- 1人ボール1個持ってドリブル
- 友達のボールを外にはじき出す。
- 最後まで残ったら勝ち

相手をかわそう！ インベーダーゲーム（3時間目）

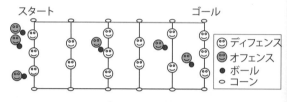

- ゴールゾーンを突破できれば得点
- ディフェンスに体をタッチされた場合はスタート位置に戻る。
- ディフェンスは，図の線上のみを移動し，タッチして動きを止める。

❷ ゲームⅠ
♠ゲーム様相
- 同じ動きだけでは，かわすことが困難になる。

❸ ふりかえり・共通練習
発問 ディフェンスをかわすにはどうしたらよいかな？
- 友達と協力して攻める。

共通練習〜ポストプレー（左）とスクリーンプレー（右）〜

❹ ゲームⅡ
♠ゲーム様相
- 友達と協力してディフェンスをかわそうとするプレーが増える。

❺ ふりかえり
発問 ディフェンスをかわせるようになったかな？
- ディフェンスをかわすには，友達と協力して，シュートポイントをつくることが大切だとわかった。

入れることを工夫してゲームをしよう

❶ ゲームⅠ
♠ゲーム様相
・シュートポイントをつくるが，シュートフォームが胸の前からのシュートがほとんどのため，シュートが入らないことがある。

❷ ふりかえり・共通練習・チーム練習
[発問] シュートポイントからどのようなシュート方法を使うとシュートが入るかな？
・ここでは様々なシュート方法を紹介し，状況によって使い分けることが重要であることを伝える。

共通練習・チーム練習　～シューティングドリル～
・チームごとに選択して練習する。

【レイアップシュート】　【ゴール下シュート】

【ロングシュート】　【ミドルシュート】

❸ ゲームⅡ
♠ゲーム様相
・状況によって，シュート方法を変える子どもが出てくる。

❹ ふりかえり
[発問] シュート方法はどんなときに，何を使うとよいかな？
・走りながらかわせたときは，そのままレイアップシュートかな。
・ディフェンスがいないときはミドルシュートをしたほうがよい。

運ぶことを工夫してゲームをしよう

❶ ゲームⅠ
ハーフコート合体ゲーム（6時間目）

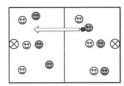

ハーフコートを合体。プレイヤーはセンターラインを越えないで，ボールのみ移動させてゲームを行う。

ハーフコート合体移動ゲーム（7・8時間目）

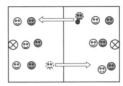

ディフェンスの人数を1人（点線の顔）増やし，そのプレイヤーのみオールコートを移動ができる。

♠ゲーム様相
・ロングパスが増え，なかなかパスがつながらない。

❷ ふりかえり・共通練習・チーム練習
[発問] ボールを運ぶためにはどうすればよいかな？
・パスをつなぐ。

共通練習～トラディションゲーム～（6時間目）

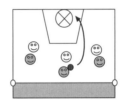

○リバウンドからボールを奪い合う。
・ディフェンスはボールをとって灰色のゾーンまで運ぶ。
・オフェンスはボールを保持したら勝ち。

チーム練習（7・8時間目）
・チームごとに自分たちの課題を「入れる」「つくる」「運ぶ」のいずれかと決めて，練習に取り組む。

❸ ゲームⅡ
♠ゲーム様相
・ボールを運び，友達と協力してディフェンスをかわし，状況に応じたシュート方法を用いるようになる。

❹ ふりかえり
[発問] どうしたらボールがうまく運べたかな？
・細かいパスをつないでボールを運ぶ。
・ディフェンスがいないところに動き，パスを受ける。

Ⅱ　アクティブ・ラーニングの授業レシピはこんな感じです　55

授業展開案（3時間目）

本時の目標
ディフェンスをかわして，シュートポイントをつくるゲームを楽しむ。

学習活動と予想される子どもの反応	●留意点　★評価
① 学習の準備をする ・ゼッケン　・得点板　・ボール　・カラーコーン ・コート数2　・ホワイトボード8 ・チーム数4×兄弟チーム2（計8チーム） ② ゲームⅠをする ♠ゲーム様相 ・1人でかわすことが困難になってくる。 ・相手をかわすために，パスが増える。 ③ ふりかえり・共通練習をする 発問　ディフェンスをかわすためにはどうしたらよいかな？  ・パスをまわして，シュートポイントをつくる。 ・友達と協力して攻める。 共通練習～スクリーンプレー～  ④ ゲームⅡをする ♠ゲーム様相 ・友達と協力してディフェンスをかわそうとするプレーが増える。 ⑤ ふりかえり 発問　ディフェンスをかわせるようになったかな？ ・シュートポイントをつくるには，友達と協力してディフェンスをかわすことが大切！ ⑥ 整理運動・片付け	●用具は決められた分担ごとに準備する。 ●ルールは以下のとおり。 3 on 3 ・トラベリングの反則はなし（ボールを持って走ることができる） ・センターサークル内からボールが出たらスタート ・1ゲーム3分×攻守交代×2回  ★シュートポイントをつくるために動いている。 ●状況によってシュートポイントのつくり方を変えるよう助言する。 ●上手なプレーを称賛する。 ●共通練習（スクリーンプレー）の意図を確認する。 ディフェンスを友達と協力してかわそう！ 　手前のオフェンスは，ボールを持ったオフェンスが相手をかわせるようにするために，そのオフェンスについたディフェンスが動けないようにスクリーン（壁）をつくる（実線の動き）。その隙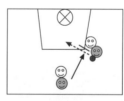にボールを持ったオフェンスはスクリーンになっているところを通ってシュートに向かう（点線の動き）。  ●新しいアイデアには，良い点と悪い点を出させた上で合意形成していくように伝える。 ★「シュートポイントをつくる」ことの大切さがわかる。 ●「シュートポイントをつくる」という視点でアイデアを出している児童を称賛する。

授業展開案（4時間目）

本時の目標
シュートポイントから様々なシュート方法を用いてゲームを楽しむ。

学習活動と予想される子どもの反応	●留意点　★評価
① 学習の準備をする ・ゼッケン　・得点板　・ボール　・カラーコーン ・コート数2　・ホワイトボード8 ・チーム数4×兄弟チーム2（計8チーム）	●用具は決められた分担ごとに準備する。 ●ルールは前時と同じ。
② ゲームⅠをする ・シュートポイントをつくるが，シュートは胸の前からのシュートが多い。	★シュートをすることができる。 ●正しいシュートフォームでシュートしている児童を称賛し，全体に紹介する。
③ ふりかえり・共通練習・チーム練習 [発問] シュートポイントからどのようなシュートを使うとシュートが入るかな？ ・様々なシュート方法があり，状況によって使い分けることが重要なことを伝える。 [共通練習・チーム練習] ・シューティングドリル（レイアップシュート・ミドルシュート・ゴール下シュートなど） 	●様々なシュート方法があることを伝え，それぞれの練習方法に関する掲示資料を提示したり，示範したりする。 [シュート方法①〜レイアップシュート〜]  【ポイント】 　1，2のリズムで跳び上がり，ボードを利用してシュートする。 【練習方法】 　まずは1歩助走で踏み込んで跳び上がりシュートする。慣れてきたら，2歩助走にしてシュートする。 [シュート方法②〜ゴール下シュート〜]  【ポイント】 　自分の好きな場所（ボードに対して斜めの位置がベスト）から，ボードの黒い線を狙ってシュートする。 【練習方法】 　ゴール下の好きな場所からシュートし，時間内でどれだけシュートが入るか競う。
④ ゲームⅡをする ♠ゲーム様相 ・状況によって，シュート方法を変える子どもが出てくる。	●状況によって，シュート方法を選択することができるよう言葉かけする。
⑤ ふりかえり [発問] シュート方法はどんなときに，何を使うとよいかな？ ・走ってかわせたときは，そのままレイアップシュートかな。 ・目の前に相手がいないときは，そのままシュートしたほうがよい。	★様々なシュート方法を行うためのコツがわかる。 ●状況によって，どのシュート方法を用いたらよいか，全体で共有できるよう言葉かけする。
⑥ 整理運動・片付け	

授業展開案（6時間目）

本時の目標
シュートポイントまでボールを運ぶゲームを楽しむ。

学習活動と予想される子どもの反応	●留意点　★評価

① 学習の準備をする
・ゼッケン　・得点板　・ボール　・カラーコーン
・コート数2　・ホワイトボード8
・チーム数4

② ゲームⅠをする
♠ゲーム様相
・ロングパスが増え，なかなかパスがつながらない。
・ボールをシュートポイントまで運べない。

③ ふりかえり・共通練習・チーム練習をする
発問　ボールを運ぶためにはどうすればよいかな？

・パスをつないでボールを運ぶ。
・ディフェンスがいないところに動き，パスを受ける。

④ ゲームⅡをする
♠ゲーム様相
・ボール保持者が自陣側で止まってしまったときには，そこで，ポストプレーをしようとするチームが出現する。

⑤ ふりかえり
発問　ボールを運ぶためには，どうするとよいかな？
・シュートを打たれたらまずはリバウンドをとることが大事
・かわすときと同じように動くことも大事だ！

⑥ 整理運動・片付け

●用具は決められた分担ごとに準備する。
●ルールは以下のとおり。

ボールを運ぼう！〜ハーフコート合体移動ゲーム〜

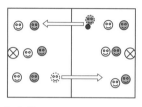

ハーフコートを合体させる。左コートのディフェンスと右コートのオフェンスが同じチーム（その逆は相手チーム）となる。

●ボールを運ぶための工夫を話し合ったり，練習するよう促す。

共通練習〜トラディションゲーム〜

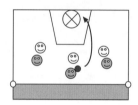

ボールを持った中央のオフェンスは，後方からリングに向けてシュートする。リングに跳ね返ったボールを奪い合い，ディフェンスがとって灰色のゾーンまで運ぶか，パスを出して灰色のゾーンでキャッチできれば，ディフェンスの勝ちとなる。オフェンスは，リバウンドの時点でキャッチするか，ディフェンスに灰色のゾーンへ行かせないように阻止する。

★ボールを運ぶために動くことができる。
●状況によって，ボールの運び方を工夫して動いているチームを称賛する（例：相手のいないところに動く。ポストプレーやスクリーンプレーを応用する。ワンバウンド等のパスを使うなど）。

Q&A 今さら聞けない!? 指導の基礎・基本！

Q みんなが同じプレーをできないといけないのでしょうか？

A 状況によって使い分けるようにしましょう。

ポストプレーが絶対にできなくてはいけないわけではありません。パスだけで相手をかわせれば，ポストプレーをする必要はありません。状況によって，どんなプレーが使えるか考えられる力を付けさせたいですね。

Q ドリブルはさせなくていいのですか？

A ドリブルの意味を理解さえた上で，状況によって取り入れます。

バスケットボールの面白さは「シュートを入れること」「相手をかわすこと」「ボールを相手コートに運ぶこと」の3つです。ドリブルは「かわす」「運ぶ」ための一つの手段でしかありません。そのことをしっかりと理解させた上で，ルールとして取り入れれば，1人でずっとドリブルをして運ぶような様相はなくなります。

Q 作戦はどう立てさせたらよいでしょう？

A 面白さから整理！

単元前半では，その日の学習課題からどんな作戦ができるかを考えさせます。単元後半では，自分たちの課題が「入れる」「かわす」「運ぶ」のどの部分なのかをはっきりさせてから作戦を考えさせます。

「ポストプレーが大事！ だから絶対に全員が使えるようにひたすら練習させよう！」はNG!
教師の熱い思いはわかりますが，子どもの課題とかけ離れてしまう可能性があります。あくまでもポストプレーは相手を「かわす」ための一つの手段でしかありません。子どもにとって，パスだけで相手をかわせればポストプレーは必要ありません。「どうしてもかわせない！ どうすればいいんだ？」という思いが大きくなったタイミングで，「かわす」ための一つの手段としてポストプレーなどを教えると，必要感から上手に使うようになりますよ。

授業レシピ 7 バットレスベースボール

中学年全8時間

ボールと自分，どっちがはやいかな？

この運動の面白さ

「ボールとどっちがはやいかな？」

子どもは何に挑戦しているの？

「ベースにたどり着くまでの自分とボールのどっちがはやいかな競争」

イチロー選手の内野安打を見ていると，まさに，「ボールとイチローとでは，一塁ベースにたどり着くのはどちらがはやいかな」という競争に見えます。このように，ベースボール型の魅力は走者とボールの競争です。また，その競争を楽しむにはボールがベースに到着したかどうかが大事なので，タンバリンを使用します。ボールがベースに到達すると，「バン！」といい音が鳴ります。この音よりも勝者がはやくベースに着けば，走者の勝ちです。

この単元のゴールイメージ

「ベースにたどり着くまでの自分とボールのどっちがはやいかな？」に夢中になって，子どもたちがこんな動きを身に付ければこの単元はOKです！

■ねらって投げる・遠くへ投げる
◇オーバーハンドの投げ方を習得する。
◇守備者の位置を見て，捕りにくいボールを投げる。
◇より遠くへ投げる。

■正面で捕る
◇ボールの正面に素早く入る。
◇両手でしっかりと捕る。
◇ボールの軌道に応じて手の向きを変えて捕る。

■判断する
◇守備位置を見て，得点しやすい場所をねらう。
◇二塁を目指すか一塁に止まるか判断する。
◇一塁と二塁のどちらに送球するか判断する。

■状況に応じてやるべきことを考える
◇ルールや相手の守備に応じて作戦を考える。
◇より楽しいゲームにするためにルールを考える。

授業の道しるべ

ポイント！ 「どっちがはやいか競争」から学習を引き出す

START これだけは準備する！

その1　チーム編成とコートや用具
- 投力やリーダーシップを考慮してチームを編成する
- タンバリン・ボール
- コートの大きさ

> できるだけ均等なチームをつくろう！

> 1時間目に押さえる

その2　はじめのルール
- 「どっちがはやいかで競い合う」楽しさを理解させる
- ランナーと守備者（タンバリン）が交錯しないようにベースを設ける

> 実態に応じたはじめのルールになっているかな？

> 2時間目から押さえる

その3　ルールの工夫
- コートを狭くする
- ベースを増やす
- バットを使う
- 残塁ありにする

> 「どっちがはやいかで競い合う」楽しさをより味わうためにルールを工夫しよう！

その4　作戦の工夫
- 打つ順番
- 投げる方向
- 守る位置

この声かけがポイント！

「もっと面白くしよう！」
子どもたちと相談しながらゲームを進化させていきましょう。

GOAL

だんだん野球っぽくなっていく面白さ

Ⅱ　アクティブ・ラーニングの授業レシピはこんな感じです　61

単元計画

ルールや試合に慣れてゲームを楽しもう

❶ はじめのルールの説明をする
- コートは下図のとおり。
- 攻撃は，円から投げてスタート。
- 投げたら陣地（一塁）に向かって走ります。
- 守備は，飛んできたボールをキャッチし，一塁のタンバリストめがけて投げます。
- 走者のほうがはやく一塁に着けば1点。
- ボールのほうがはやくタンバリンに当たれば0点。
- 攻撃が一巡したら，攻守交代です。

❷ やってみる
発問 はじめのルールを使ってやってみよう！

❸ ふりかえり
発問 今日のゲームはどうだったかな？
- 遠くまで投げられる子は簡単に点が取れる。
- それだと攻める子も守る子も面白くない。

発問 もっと面白くするにはどうしよう？
- 弧を引いて，そこからノーバウンドで出たらファールにしよう。
- ワンバウンドしたり強い球で転がって遠くに出て行ったりする場合はOKにしよう。

ボールと自分，どっちがはやいかな？

❶ ゲームⅠ
修正コートでやってみよう（2時間目）
ゲームをしよう（3時間目）
- コート内のラインをノーバウンドで越えたらファール。
- ゴロやバウンドで抜けるのはOK。

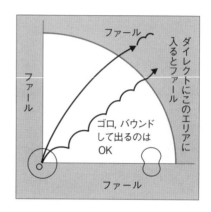

♠ゲーム様相
- 正確に強く投げること，考えて投げることが必要になる。
- アドバイスが出てくる。

❷ チーム練習
- ねらったとおりに投げたい。
- もっと強い球を投げたい。
- 投げる練習をしよう。

❸ ゲームⅡ
♠ゲーム様相
- フィールドに投げるときによく考えるようになるため，時間がかかるようになる。
- 円弧よりも外で守る子が出てくる。

❹ ふりかえり
発問 今日のゲームはどうだったかな？（2時間目）
- 点が入って面白い！
- もっとアウトにできるといい。

発問 もっと面白くするにはどうしよう？（3時間目）
- 守りチームが有利になるようにしよう。
- コートを狭くしよう。

コートを狭くしてみよう

❶ ゲームⅠ

<u>修正コートでやってみよう（4時間目）</u>
<u>ゲームをしよう（5・6時間目）</u>

・コートの大きさ以外は同じルールで行う。

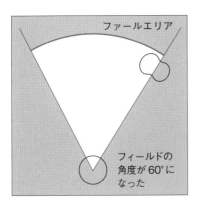

♠ゲーム様相

・守備側が有利になることでアウトになる回数が増える。

❷ チーム練習

・ボールが守備に捕られるようになったからもっと正確に強い球を投げられるように練習しよう。
・作戦を考えよう。

❸ ゲームⅡ

♠ゲーム様相

・守備位置をよく見て投げるようになる。
・守備は攻撃の子の特徴を考えながら守るようになる。

❹ ふりかえり

|発問| 今日のゲームはどうだったかな？（4・5時間目）

・アウトになる回数が増えた。
・もっとねらったところに投げないと。
・アウトにできてうれしい。

|発問| もっと面白くするにはどうしよう？（6時間目）

・そろそろゲームを進化させたいね。
・もうひとつベースを増やしたい。
・二塁まで行けたら得点にしよう。

ベースを増やしてみよう

❶ ゲームⅠ

<u>修正コートでやってみよう（7時間目）</u>

・得点は，一塁まで行ければ1点，二塁まで行ければ2点にするなど実態に応じて決めてよい。

<u>ゲームをしよう（8時間目〜）</u>

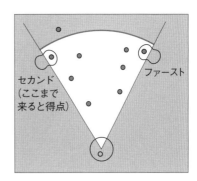

♠ゲーム様相

・一塁に味方がいるときは，遠くをねらうか右側をねらって得点を目指す作戦が見られる。
・二塁を目指すか一塁に止まるか判断が必要になる。
・あわせてベースコーチが出現することもある。

❷ チーム練習

・協力して点を取るために投げる順番を工夫しよう。

❸ ゲームⅡ

♠ゲーム様相

・守備は，球を補ったら得点を防ぐために二塁へ送球するか，失点はあきらめ，次の失点に備えて一塁へ送球するか，判断が必要になる。
・攻撃側の最後の子は，とにかく二塁まで行くことがセオリーだと気づく。

❹ ふりかえり

|発問| 今日のゲームはどうだったかな？（7時間目）

・ルールが難しくなったことで面白くなった。

|発問| もっと面白くするにはどうしよう？（8時間目）

・投げるのだと簡単に走者になれるから，バットを使って課題を難しくしよう。

授業展開案（2時間目）

本時の目標
ボールと自分のどっちがはやいかな競争を楽しむ。より面白いゲームになるよう，次の課題を考える。

学習活動と予想される子どもの反応	●留意点　★評価
❶ 学習の準備をする ・ゼッケン　・得点板　・ボール16個　・ライン引き ・タンバリン2個　・電子ホイッスル2個 ・コート数2　・チーム数4 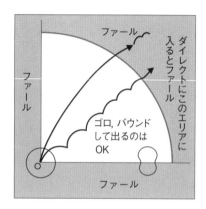 ❷ ゲームⅠをする ・正確に強く投げること，考えて投げることが必要になる。 ・アドバイスが出てくる。 ❸ チームごとに練習をする ・前回の課題に応じて，チームごとに練習する。 ・守備練習をするチームが多いことが予想される。 ❹ ゲームⅡをする ・フィールドに投げるときによく考えるようになるため，時間がかかるようになる。 ・円弧よりも外で守る子が出てくる。 ❺ ふりかえり 発問　ゲームをより面白くするにはどうしたらいいだろう？ ・陣地を遠くしたらどうか。 ・攻撃側が有利なので，コートの幅を狭くしてはどうか。 ❻ 整理運動・片付け	●用具は決められた分担ごとに準備する。 ●早く用意ができたらゲームの準備に入る。 ●チームの課題に応じた練習をしていてもよい。 ●今回のルールは以下のとおりで行う。 ・攻撃が円からボールを投げてスタートし，陣地（一塁）に向かって走る。 ・守備は飛んできたボールをキャッチし，一塁のタンバリストめがけて投げる。 ・ノーバウンドで円弧を越えた場合はファール。 ・ゴロやワンバウンド以上して円弧を越えていくボールはイン。 ・走者のほうがはやく一塁に着けば1点。ボールのほうがはやくタンバリンに当たれば0点。 ・攻撃が一巡したら，攻守交代。2回の攻防でゲーム終了。 ★ボールをフィールドに投げることができる。（B） ★ボールをねらった方向に投げることができる。（A） ●「一塁までの競争」に視点が行くよう，声かけで盛り上げる。 ●上手なプレーをほめる。 ●練習の意図を確認する。 ・うまく投げられない仲間がいる。 　→投げ方を教え合う。 ・ボールが飛んできても止められない。 　→正面に動いて前に落としたり，ボールの動きに合わせてキャッチしたりする練習をする。 ●新しいアイデアには，良い点と悪い点を出させた上で合意形成していくように支える。 ★「もっと面白くする」という視点でルールを工夫することができる。 ●「ルールを難しくしていくことが面白くなっていくことにつながる」ことを確認する。

授業展開案（4時間目）

本時の目標
ボールと自分のどっちがはやいかな競争を楽しむ。より面白いゲームになるよう，次の課題を考える。

学習活動と予想される子どもの反応	●留意点　　★評価
① 学習の準備をする ・ゼッケン　・得点板　・ボール16個　・ライン引き ・タンバリン2個　・電子ホイッスル2個 ・コート数2　・チーム数4 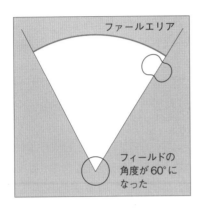 **② ゲームⅠをする** ・守備側が有利になることでアウトになる回数が増える。 **③ チームごとに練習をする** ・ボールが守備に捕られるようになったからもっと正確に強い球を投げられるように練習しよう。 ・作戦を考えよう。 **④ ゲームⅡをする** ・守備位置をよく見て投げるようになる。 ・守備は攻撃の子の特徴を考えながら守るようになる。 **⑤ ふりかえり** 発問　ゲームをより面白くするにはどうしたらいいだろう？ ・そろそろゲームを進化させたいね。 ・もうひとつベースを増やしたい。 ・二塁まで行けたら得点にしよう。	●用具は決められた分担ごとに準備する。 ●早く用意ができたらゲームの準備に入る。 ●チームの課題に応じた練習をしていてもよい。 ●今回のルールはフィールドが狭くなった以外は前回までと同じ。 ●もっと遠くへ，もっと正確に投げる必然性や切実感が出てきたら，以下のような練習方法を提示してもよい。 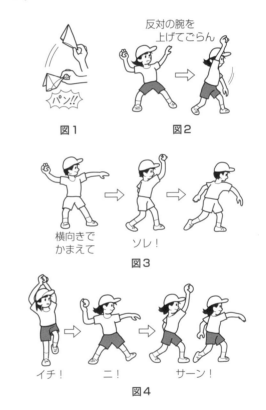 ★守備が多くなったので，より考えてねらったところに投げることができる。 ★ボールが飛んでくるまで前かがみで待ち，ボールが来たら素早く動く。 ●キャッチできなくても素早くひろって投げればよいことを確認する。

Ⅱ　アクティブ・ラーニングの授業レシピはこんな感じです

授業展開案（7時間目）

本時の目標
ボールと自分のどっちがはやいかな競争を楽しむ。

学習活動と予想される子どもの反応	●留意点　★評価
① 学習の準備をする ・ゼッケン　・得点板　・ボール16個　・ライン引き ・タンバリン2個　・電子ホイッスル2個 ・コート数2　・チーム数4 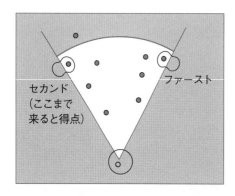 **② ゲームⅠをする** ・一塁に味方がいるときは，遠くをねらうか右側をねらって得点を目指す作戦が見られる。 ・二塁を目指すか一塁に止まるか判断が必要になる。 ・あわせてベースコーチが出現することもある。 **③ チームごとに練習をする** ・協力して点を取るために投げる順番を工夫しよう。 **④ ゲームⅡをする** ・守備は，球を捕ったら得点を防ぐために二塁へ送球するか，失点はあきらめ，次の失点に備えて一塁へ送球するか，判断が必要になる。 ・攻撃側の最後の子は，とにかく二塁まで行くことがセオリーだと気づく。 **⑤ ふりかえり** [発問] 次の学年でするとしたらどんなゲームに発展させたらいいだろう？ ・今度はバットを使ってやってみたい。 ・バットを使うか投げるか選べるようにしてもいいね。	〈ルール〉 ・今回から，一塁まで行けたらそこに止まり，次の仲間がフィールドに投げ入れてから二塁を目指すことになる。可能であれば，一気に二塁まで進んでもよい。守備は，来たボールを一塁もしくは二塁のタンバリストめがけて投げることになる。 ★以下の役割や状況判断が加わったことが理解できる。 ・一塁で止まるか二塁へ進むかを判断する。 ・とにかく失点を防ぐために二塁へ投げる。 ●状況判断がより高まるように，以下のような支援をする。 ・一塁が空いていれば二塁方向へ投げたほうがよい。 ・一塁に仲間がいれば進塁させる役目が加わる。一塁方向へ投げたほうが得点の確率が上がる。 ・守備は捕球後にどちらの塁へ投げるべきかを瞬時に判断する。 ・チーム練習では，攻撃でも守備でも「判断」が必要になることを理解し合い，こういう場合はこうしようという作戦を立てることができる。 ★単元を通して，子どもたちとつくってきたゲームの進化は下の図のように表すことができる。子どもたちがどのあたりの学びにいるか，ゲームや練習の様子から評価する。 野球っぽくなっていった 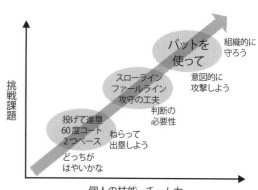

Q&A 今さら聞けない！？ 指導の基礎・基本！

Q コートが2つの場合，指導者の立ち位置は？

A 2コート全体が見える位置＋重点的な支援を入れるための位置に立ちます。

どちらのコートにも背を向けず，2コートの両方にいつでも対応できる立ち位置が基本です。大切なのは全体を見る意識とチームや個人に重点的に支援を入れる意識をもった立ち位置であるかです。また，攻撃側の円をできるだけ近くにしてコートをつくると支援しやすいです。

Q ボール操作の経験を積んで，技能を高めたい！

A 準備運動の後，ボール慣れの運動を取り入れます。

30秒間に何回，2人のキャッチボールができるか，チームで一列に並び，一人ひとり経由しながらキャッチボールで何往復できるかなど，短時間で行え，ゲーム要素のあるボール慣れを行います。

Q 「打つ」を取り入れるタイミングは？

A どっちがはやいか競争の楽しさがわかってから取り入れます。

最初から「打つ」を取り入れると打つことが目的になり，どっちがはやいか競争の特性からずれてしまいます。ボールと走者どっちがはやいかの楽しさを十分に楽しませ，その楽しさを広げるための手段として取り入れます。

「もっと運動量を増やしたい」「もっと一人ひとりにボールを投げる・捕る経験をさせたい」といったねらいをもってゲームの規則を考えると，「ボールと自分どっちがはやいか」というベースボール型の面白さの構造を崩してしまいます。例えば，捕球した子どものまわりに守備全員が集まる規則では，守備者の集まるスピードと攻撃の走者との競争になり，面白さを十分に味わわせることができません。

コラム1

"active" な学びとは？

「もっとグループで話し合いとかさせなきゃ，アクティブラーニングじゃないよね」。

授業を参観していた教育実習生同士の会話である。「アクティブラーニング」というキャッチーな言葉は，広まるにつれて本意を失い，それを達成するための学習形態を指す言葉になってしまっているようだ。その結果，子どもの学びに向かう意識など関係なく，教師が前で話している授業が×で，子どもが話したり活動をしたりする授業が○という実に短絡的な授業観をもたらしてしまっている。そもそも，「アクティブラーニング」という視点がもたらすはずだったものは，表面の行為ではなく学ぶ人の内面のあり方だったのではないだろうか？　ここでは，そもそも "active" であるとはどういうことなのかについて考え，それを支える手立てとしてのラーニングマップを紹介したいと思う。

"active" は "passive"（＝受け身，言いなり）の反意語である。他者から直接強要される，わかりやすい "passive" な学びもあれば，「悪い点を取ると成績に響くから」「今どき大学くらい行っていないと将来困るから」など，いわば社会の言いなりとなっているような "passive" な学びもあるだろう。では，その逆の "active" な学びとはどういう学びなのだろうか？　それは，誰かの言いなりではなく自ら進んで行う学びである。

下の写真は，3年生のバレーボールの単元において子どもたちの学びをそのつど描き足していったラーニングマップの一部である。ここには，クラスがどのように学びをたどってきたかが描かれ，次に進む学びが前もって描かれる。このマップをいつでもアクセス可能な場所に掲示しておくことで，自分たちの学びの軌跡を確認でき，その日何について学んでいくのかは授業開始の時点で既に子どもたちに共有されることとなる。そこでは，教師から「今日は〜についてみんなで考えてプレイしよう」という課題が提示されるのを待つことなく，子どもたちによって学びがスタートしていく。

"active" な学びの成立を支える要件について，そのすべてを把握することは到底かなわないが，少なくとも「何のために今自分が学んでいるか」を自覚しているということは，"active" であるための必要条件ではないだろうか。

Ⅲ

授業が盛り上がる
ワクワク教材と
指導のコツ

1年 体つくり運動領域 「体ほぐしの運動遊び」

ここが面白い！ 運動の面白さ

いつもと違う体との出あい（非日常的身体遊び）

これで盛り上がる！ ワクワク教材

『こんなことできるかな？』

1．1人でできるかな？

①目をつぶって立ってみよう！

②目をつぶって，片足あげて立ってみよう！

あれれ？なんかグラグラしてくるぞ！

おっとっと……さっきよりむずかしい！

2．2人でできるかな？

（後ろから前の人の肩に片手をかけている）

お～い！グラグラするなよ！！

動かないでぇ！

3．みんなでできるかな？

（全員で円になって片手を前の人の肩にかけて片足立ち）

全員で10数えるまでがんばろう

もうちょっとだよ！

動くな！

このコツをつかもう！

学習指導のポイント

1.「易しい動き」から始める

だれもができる簡単な運動遊びから始めましょう！

こんなの簡単！（目をつぶって両足立ちの子ども）

2.「気づき」の共有を図る

1人の気づきを「共有」していきます。

へぇ！○○さんは，なんかグラグラしたって！みんなはどうだった？

3. 仲間の体の状態にも気づく

仲間の体の状態にも気づかせていきます。

わぁ！○○くんの体がふるえてる！

肩の骨がぶるぶるしてる！

4. 最後は学級全員で「快い」体験を！

最後は全員で①課題を達成する②シンクロ（同調）する③スキンシップなど気持ちよい体験をするなど「快い」状態を味わいましょう。

やったぁ！

みんなでそろったね！

わぁ！気持ちいい！

ゴール！

こんな姿が見られます！

新しい体や心と出あう

ぼくの体って，こんなふうに動かすことができるんだ！

体がグラグラゆれるのって楽しい！

仲間と交流する楽しさを知る

友達といっしょに体を動かすのって，こんなに楽しいんだね！

2年 表現リズム遊び 「リズム遊び」

ここが面白い！ 　運動の面白さ

リズミカルにのるのが楽しい

これで盛り上がる！ 　ワクワク教材

『みんなでまねっこおどりをしよう！』

1. 円形に座って先生のまねをして

①体のいろいろな部分を使う

先生のまねをしよう！

②立って、リズムにのって踊る

③ジャンケンサバイバル、2人組で踊る

④グループで踊る　リーダーに続いて踊る

このコツをつかもう！ 学習指導のポイント

1. 先生のまねから始める

だれもができる手拍子や体を揺らす動きなどの動きでリズムにのる楽しさを感じよう！

2. リズムにのる感覚を身に付ける

座ってリズムにのることで，体のいろいろな部分でリズムにのる感覚を身に付けさせます。

3. ジャンケンサバイバルでいろいろな友達とかかわる

2人でリズムを合わせて，
「さいしょは」→「グー」→「ジャンケン，ポン」

4. 友達のまねをして踊る

ペアの友達は体のどこがよく動いていたかな？まねして踊ってみよう！

ゴール！ こんな姿が見られます！

リズムにのって自由に踊る

体だけではなく，心もはずませて，夢中になって踊ります。

仲間と交流する楽しさ

友達とリズムを合わせて踊ると楽しいね。

まねをして踊ると踊りやすいね！

Ⅲ 授業が盛り上がるワクワク教材と指導のコツ

3年 体つくり運動領域「多様な動きをつくる運動」

ここが面白い！ 運動の面白さ

様々な動きに取り組み体力を高めることができる

これで盛り上がる！ ワクワク教材

『場（コーナー）の動きに取り組んでみよう！』

1.「例示の動き」からスタートしよう！

2. 場（コーナー）を設定して，子どもの動きを引き出そう！

〈遠くコーナー〉

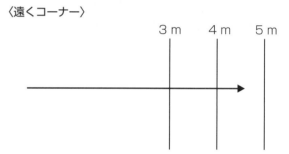

〈ジグザグコーナー〉

ケンステップ2つを通って

3. 動きの工夫の仕方は子どもに視点を与えよう

〈姿勢の工夫〉
立つ→座る
しゃがむ→寝ころぶ
右手→左手
右回り→左回り
〈移動の工夫〉
走る→ギャロップ
歩く→スキップ

〈カルタコーナー〉

【カルタの内容】
・床タッチ
・拍手して
・前転して
・回転して
・ジャンプ

このコツをつかもう！

学習指導のポイント

1. 例示のすべての動きができるように計画を立てよう

1	2	3	〜	13	14	15	16
バランス			移動		力試し	
用具操作			用具操作			

2. 「バランス」「移動」「力試し」の運動は，教師主導で行おう

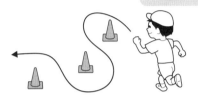

曲がる方向をよく見て走り抜けよう！

3. 「用具操作」「組み合わせの運動」は子どもから動きの「こつ」を引き出そう

どうやったらできるのかな？

4. 最後にペアやグループで動きに取り組もう

こつを生かそう　声を合わせよう！　できた！

ゴール！

こんな姿が見られます！

工夫した動きに取り組む

はじめの動きができたので，動きを工夫して取り組みました！

「姿勢」や「移動」の仕方を変えると，動きを工夫することができました！

友達の動きを自分の動きに取り入れる

友達のできた動きをまねしたらできました！

友達のこつを意識して動いたらできました！

4年 器械運動領域 「マット運動」

ここが面白い！ 運動の面白さ

回ってもまた安定した状態に戻ることができるかどうか？

これで盛り上がる！ ワクワク教材

『こんな動きできるかな？』

①いろいろな場所で前転（後転・壁倒立・腕立て横跳び越しなど）できるかな？

坂道でもできるかな？

ボールを越えて前転できるかな？

重ねたマットの上に前転できるかな？

②平場でもできるかな？　連続してもできるかな？

いろいろな場で練習したから，できるようになったぞ！

やった！　すばらしい！　しっかりと遠くに手が着けるようになったね。

※①を十分に取り組ませた後に，②に取り組む。②ができない子どもは，①に戻る。

76

このコツをつかもう！ 　　**学習指導のポイント**

1．技に関連する運動遊びをする

ゆりかごした後にジャンプして空中で手をたたけるかな？

2．いろいろな場でやってみる

様々な場でできるかやってみる。

坂道で　　ボールを越えて　2つのマットの間を越えて

重ねたマットの上で　　丸めたマットを越えて

3．気づきを共有する

友達の気づいたコツを共有します。

手を遠くに着くには，しっかり蹴るといいよ。

「バンッ」て背中を打たないために丸くなるのが大事。

4．平場でうまくいったら，次の課題！

平場でもうまくいく子どもが増えたら，同じ系統の技を紹介し，挑戦意欲をかきたてます。（易しい場は，技によって異なることもあります。その場合は，その技にあった場を用意します）

やったぁ！大きな前転できたぞ！

やったね！今度は，開脚前転できるかな？ こんな技だよ。できなかったら，もう一度易しい場に戻ってやってみよう！

ゴール！　　**こんな姿が見られます！**

技ができた達成感！

平場でも前転ができるようになったぞ！

易しい場で動きを楽しむ！

坂道で前転できたぞ。今度は，ボールを越えても立てるかやってみよう。

どうすればできるか考える！

開脚前転はどうすればできるんだろう？

大きな前転と同じように，しっかり蹴ってみなよ。

5年 陸上運動領域「ハードル走」

運動の面白さ
ここが面白い！

次々とハードルをまたぎ越しながら，移動することができるかどうか？

ワクワク教材
これで盛り上がる！

『いろいろなハードルをまたぎ越そう！』

簡易化したいろいろなハードルを使って，一定のリズムでまたぎ越すことができるかどうか楽しさを味わう

①ライン

ラインを踏まないように！

②丸めた新聞紙

新聞紙を丸めてテープで留める

③ゴム（ペットボトルにつけて）

ペットボトルに水を少し入れる

④ミニハードル

ミニハードルの間は何歩で走るといいかな？

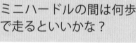

⑤段ボール（幅が短め）

段ボールにぶつかっても痛くない！

⑥段ボール（幅が広め）

上に跳ばないように気をつけよう！

学習指導のポイント

このコツをつかもう！

1．「簡易化したハードル」を使って，恐怖心を取り除こう！

前述のとおり，簡易化したハードルを使うことにより恐怖心をもたせず，リズムにのってハードルをまたぎ越す楽しさを十分に味わわせます。徐々に高さや幅のあるハードルにしていきます。

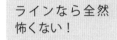

ラインなら全然怖くない！

段ボールなら高さがあっても怖くない！

2．前にまたぎ越す感覚を養う

幅の広い段ボールを使えば，上に跳ばずに，前にまたぎ越す動きが自然に身に付きます。

段ボールならぶつかっても痛くないから思いっきりできる！

3．的を使って足の裏をゴールに向ける

ハードルを使う段階になったら，振り上げ足は足の裏をゴールに向けることがポイントです。的をハードルに付けて蹴らせます。

スポンジや画用紙を洗濯バサミではさみ，的を付けます。

こんな姿が見られます！

ゴール！

恐怖心をもたないで動きが身に付く！

動きが身に付つけば記録を伸ばす意欲が出てくる！

またぎ越すって，上に跳ぶのと違う感覚だ！

もっと速くゴールしたい！

前よりタイムを速くしたい！

Ⅲ　授業が盛り上がるワクワク教材と指導のコツ

6年 陸上運動領域 「走り高跳び」

ここが面白い！ 運動の面白さ

バーを落とさずに跳び越えられるかどうか

これで盛り上がる！ ワクワク教材

『いろいろな跳び越し方で跳んでみよう！』

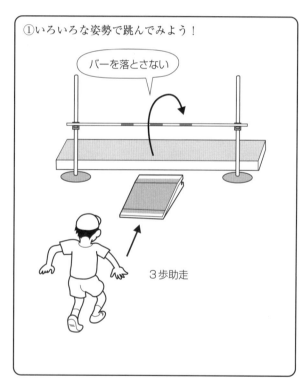

①いろいろな姿勢で跳んでみよう！
バーを落とさない
3歩助走

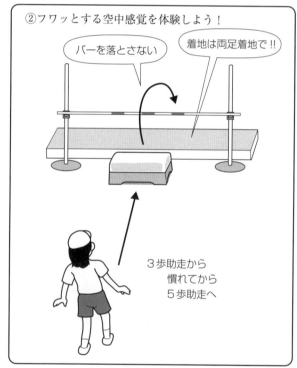

②フワッとする空中感覚を体験しよう！
バーを落とさない
着地は両足着地で!!
3歩助走から慣れてから5歩助走へ

跳び越す楽しさから，より効率的に跳び越すための技，「はさみ跳び」へ

このコツをつかもう！ ## 学習指導のポイント

1. 助走は曲線で！

2. 踏み切り3歩前を大きく

3. バーと並行に踏み切ろう！

踏み切り足の向きがバーと平行に

4. 片足ずつ着地しよう！

マットの向こうへ走りぬけよう

ゴール！ ## こんな姿が見られます！

自律的な課題選択

"跳び越すこと"そのものの楽しさを味わった子どもは，自らの課題に主体的に取り組むようになります。

空中姿勢後半のねばり

"バーを落とさずに跳び越したい"という思いから，空中姿勢後半の抜き足を意識して取り組む子どもが増えます。それによって，記録が大きく伸びることが期待できます。

コラム 2

不健康な健康教育 !?

　現在，日本では急速な社会変化の中で，食育に関する課題，体力低下及び運動実施の二極化，社会性・心の問題など，ライフスタイルと子どもの健康に対する問題点が指摘されている。子どもの健康をめぐる問題は，就学前から日本の教育の重要な教育課題として位置づいている。このコラムでは，現在の健康教育に対して，少し批判的に検討していくこととしたい。

　一般的な健康に関する知識や望ましい姿（例えば早寝早起き朝ごはん等）をベースにそれを児童・生徒に伝えるという健康教育は，本当に健康的なのだろうか。近代的な権力の作用について論じたM.フーコーは，規則を内面化した順従な身体を創り出す装置として軍隊，監獄，工場，そして学校と病院を挙げている。こうしてみると学校の中で医療的な視点を取り入れる健康教育は，まさに従順な身体を創り出す装置であり，「あなたたちの健康のために必要なこと」という名目によって行われる健康教育という名の"監獄（!?）"と言えるかもしれない。これは，体力向上の取り組みを考えてみると，あながち飛躍しているとも言えないと思われる。多くの学校で全国の，または所在県の平均値と学校のクラスの児童・生徒の数値を比較し，平均を目指し，何のための体力かは問われずに「体力が高い方が良い」という目標のもと先生も児童・生徒も頑張っている姿は，まさに典型例ではないだろうか。ノーマルという言葉には権力があると指摘したのもフーコーだが，まさに体力向上のみならず多くの健康教育がこの"一般的（平均や普通）"であることを求めて，そしてこの"一般的"を教える側は無意識の上に強要する形で，児童・生徒は無意識の上に受け入れる形で成立している健康教育が多いのではないだろうか。これは不健康な状態ではないか。そもそもこうした健康教育が目指しているのは，その児童・生徒の一人一人の顔の見える健康的な身体や生活習慣というよりは，誰にとっても共通っぽい身体や生活習慣という，いわば客体としての顔のない"健康的な姿"である。

　ウェルビーイングを追求する上での主体的な行動を可能にするリソースとしての健康へと概念が変わってきている中で，主体的な「私やぼくの健康」を考える健康教育への転換が求められている。いや，これからの社会ではますます求められるのではないだろうか。

　生身であることが「健康」かもわからない時代が来るかもしれないのだから……。

〈引用・参考文献〉
日本学術会議健康・生活科学委員会子どもと健康分科会報告（2010）「日本の子どものヘルスプロモーション」
立浪勝・立浪澄子（1998）「ヘルス・プロモーションを推進するカナダの健康戦略——保育所，家庭保育室での実践を例として」『高岡短期大学紀要』第 11 巻，pp.127-139
フーコー，M. ／田村俶訳（1977）『監獄の誕生』新潮社

体育授業の下ごしらえ
―より深めたい先生のために―

1 「ドキドキ・ワクワク」する体育と現代的な教育課題

1 「ドキドキ・ワクワク」することの大切さ

　文化としての運動やスポーツが本質的に持つ意味や価値は，結局のところ「遊び」である。人間は「遊び」なくしては，人間となりえない。また，社会や個人の未来を開くためには，「遊び」はやはり欠かせない。とりわけ，人間の存在と同一の意味をもつ「身体」というものを，自己目的的に「遊ぶ」ことが内容である運動やスポーツという文化は，「遊び」の中でも独特の位置を占めるものである。

　「遊ぶ」とき，子どもに限らず人は「ドキドキ・ワクワク」する。心臓が激しく脈打ち，水が中から湧きでるように興味や関心にあふれることが，ドキドキ・ワクワクの中身であるが，これを体験することで，私たちの生活は活気に満ちあふれる。身体を自己目的的に遊ぶことは，結果的・派生的に，様々な教育的効果を生み出す。ドキドキ・ワクワクする体育の授業が目指される理由である。

　現在，体育科，保健体育科に関わって，様々な教育課題や理念が挙げられている。OECD などが提案し日本の学習指導要領等にも大きな影響を与えつつある「汎用的能力」（コンピテンシー）をめぐる議論なども，学校現場や体育科，保健体育科のあり方に今，大きな影響を与えている。しかし，そうして期待される教育的効果も，結局のところ，体育科や保健体育科の授業の中で，子どもたちが運動やスポーツに「ドキドキ・ワクワク」したときにこそ，最大限にあげられるものである。各教科に固有な「子どもの活動」があるというスタート地点を大切にすることは重要である。

　文化としての運動やスポーツが，「遊び」に固有の意味や価値をもつとすれば，「遊び」とこれからの社会との関係を見通しておくことは，「学び」や教育のあり方を考える場合に必要なことであろう。まずこれからの社会においては，「遊び」は最高の「学び」として，自尊感情を高め，人を形づくっていくとともに，人と人をつなぎ，コミュニティーを形成し，グローバル化や情報化，さらには消費化が進む現代社会において，社会の新しい姿をカタチにすることに大きな力を発揮すると思われる。知識基盤社会といわれる現在の社会の特性は，「出会いを通じて望ましい価値に向かう自己変容」としての「学び」を，必然的にもっとも重要な営為として社会の前面に配置せざるをえない。このときに，これまでの社会で主流であった「何かに役立つので学ぶ」といった「交換動機」に基づく「学び」は相対的に後ろに退き，「そのものが面白いから学ぶ」といった「目的動機」に基づく「学び」が，

個人や社会を支え，また新たに拓くために，いわば「主役」になると思われる。「先が見通せない」社会であるからこそ，「対応の束の所持」というのではなく「先例のない課題を解決する力」が必要になるからである。

また，そのような「学び」は，これまでのように「知識や技能を獲得し定着させる」ことから，「対話し活用するために練られて共有されていく知識や技能」として，動的・関係的な性質を強めていくことにもなる。このときに，「遊び」と「学び」は，そもそも「出会いを通じて望ましい価値に向かう自己変容」という点から，社会の近代化の過程において分離されてしまった現状を組み直さねばならない。「自分」を育て，「人」を結び，新しい社会を拓いていくということは，「ドキドキ・ワクワク」する時間や空間を，一人一人がまず生涯にわたって手に入れることからしか始まらない。だからこそ，運動やスポーツが，「遊び」としての性格を歪められることなく人々の生活の中に根付き，「身体」を自己目的的に遊ぶことがだれにとっても身近な社会を実現することが，あらためて体育の役割や機能として担われることが重要である。

2 体育を考える際の「遊びの観点」の意味

「ドキドキ・ワクワク」する授業を求めた場合，運動やスポーツが身体を自己目的的に遊ぶものであるわけであるから，「できるかな，できないかな」と身体を駆使して，ある決められた課題に「挑戦（アゴーン）」することが，いかにすべての子どもにおいて保障されるか，ということが問題になる。これを自発性や自主性，民主的な人間関係，「運動の特性」，「今ある力」から「高まった力」へ，といったキーワードから積み重ねてきたのが「楽しい体育論」の特徴であった。このときに，子どもたちの活動の具体は，運動の「技能」をめぐるものが大きな割合を占めることになるはずであった。もちろん，運動やスポーツの内容は，ルール・マナー，態度，知識など，技能のみで成り立つわけではないが，さりとて，技能なくして成り立つわけでももちろんない。また，技能には系統性と体系性があり，たとえば「フローモデル」として楽しい体育の学習過程論の根拠として利用されたチクセントミハイの議論などにも現れるように，挑戦課題とレディネスの高まりの釣り合いの関係の中で「楽しさ」が生まれているのであるから，「ドキドキ・ワクワク」の基盤は，技能の深まりが随伴するプロセスそのものの中にあるともいえる。

ところが，技能は「技術が個人に内面化された状態」であり，それは個人の「能力」としても捉えられがちなことから，逆に子どもたち一人一人を，身体の能力，運動の能力という「ものさし」から，個人を刻印付ける作用ももっている。また，技術の系統性や順序性が客観性をもつために，その取得状況としての技能の状態は，「教師」という権力作用や権力構造を，たやすく強化してしまったりする。そこでは，子どもの主体性や，運動・

Ⅳ　体育授業の下ごしらえ─より深めたい先生のために─　　85

スポーツを遊び足らしめている「非日常性」が消失してしまう。このようなことから，これまでの体育は，1970年代の「技術主義」的体育が進み，体育嫌いの子どもたちが増えた時代に，子どもたちをそのような「技能」の呪縛から解放し，運動やスポーツが持つ「遊び」の要素を体育に持ち込んだことに大きな功績があったわけである。けれども，光には影が付きまとうように，「技能主義」からの解放は，「技能軽視」の面を合わせて進めてしまう危険性を有している。このことが，2000年代になって，「楽しい体育」批判の一つの論点となり現在の学校体育へとつながっている。

しかし，あらためて「ドキドキ・ワクワク」するのは，技能を駆使する，そのこと自体の中で広がるものである。つまり，遊びの中での「技能」とは一体，どのような意味を持っているのか。このことが，明確に学習指導の中で意識され，具体的な方法の中に反映させられなければならないのではないか。

3 「チーム学校」時代の体育の方向性

遊びは，ある独特の構造をもつ他者関係そのものに名付けられたものである。つまり，個人の心の中に広がる体験なのではなく，他者とともに創り出された独特の世界への没入であるということである。ところが，これまでの体育は，学校に通う子どもたち，加えて教師という，限られた人による，限られた集まりの中で運動やスポーツの「学び」を計画し実践してきた。遊びや学びの「ドキドキ・ワクワク」が，「出会い」を主要な契機としているのであれば，「出会い」の枠組みは，もっと広く考えられてもよいのではないか。また，逆に体育という営みをプラットホームとして，人間と運動やスポーツの関わりや，そのことに資する出会いを，社会全体で促進させることを進めなければならないのではないか。

当初，近代社会の中で整備されてきた「学校」という制度は，いわば「塀に囲われた」非日常の時空間であることが，「学び」を通じた自由な社会移動，子どもの自由な学びと育ちに必要な場所であった。地域や社会の中にすでにある共同体が下支えする中で，子どもの教育，を占有的に行う場所として力を発揮してきた。しかし，社会と時代の変化の中で，学校のあり方が今大きく変容しつつある。「連携」や「協働」がキーワードとなり，教育課題の多様化と子どもの変容の問題も相まって，社会全体を教育資源とする学校の新しいカタチが模索されている。体育の学習指導を考えるときにも，この点にまで，深堀をして「当たり前」を捉え直していくことが欠かせない。

たとえば，中学，高校においては，不登校やいじめ問題の発火点ともなりがちな「閉鎖的人間関係」を広げるチャンスとして，また，発達段階に応じて，運動やスポーツとの関わり方がより個性的になってくる「スポーツライフ・ステージ」に固有の問題として，「社会に開かれた楽しい体育」，そして「社会のプラットホームとしての楽しい体育」といっ

た学習指導のあり方を検討することが必要なのではなかろうか。また，小学校においても，経験の二極化や，遊び体験の貧しさが指摘される子どもたちに対して，運動やスポーツの技能の基礎となる部分，つまり「基礎・基本」は，逆にすべて授業の外に場を移して，地域と共に「学び」の場を保障し，授業ではより「今ある力で楽しむ」運動やスポーツの学習に焦点化していく，などの「反転学習」などが試されてもよいのではないかということである。同時にそれは，社会の中の人材を，「チームアプローチ」という考え方から，教師と連携・協働して，学習指導に活用すると共に，そこに参加する人たちにとっての生涯スポーツの場を用意する，ということにもつなげられる必要がある。「学習交換」や「学習結合」という言葉がそこではキーワードとなろう。新しい仕組みが今，探られている。

〈参考文献〉
松田恵示（2017）「全国体育学習研究協議会研究委員会資料」

2 体育授業で子どもたちの「能動的」な活動（アクティブ・ラーニング）を引き出す教材づくり

1 「能動的」というキーワード

いわゆる「アクティブ・ラーニング」という言葉が教育現場で広がり，新しい学習指導要領では各教科の授業を教師が工夫するにあたっての重要な概念になると目されている。2012年8月の中央小学校審議会答申の用語集にある「教員による一方向的な講義形式の教育とは異なり，学修者の能動的な学修への参加を取り入れた教授・学習方法の総称」という定義にみられるように，「能動的」に子どもたちが学んでいくための指導方法の工夫が学習指導要領では一つの目玉とされることから，本稿では子どもたちが体育学習において「能動的」であることに焦点をあて，その意味と実際の授業の在り方について考察していきたいと思う。

2 体育学習において子どもが「能動的」であること

体育を始め，音楽や図工といった実技教科においては，子どもたちが「能動的」であることは二つの面から考えていく必要があると思われる。というのも，これらの実技教科で子どもたちが授業をしている際，子どもたちは学習者であると同時に，その実技を行う「プレイヤー」でもあるからである。つまり，他の座学を基本とする教科学習の場合，「能動的」

であるかどうかは必然的に「学習者」としての子どもに焦点があたっているのに対し，体育授業において能動的であるということは「学習者」としても「プレイヤー」としても能動的である工夫が求められることになると考えられるからである。

1981年（昭和56年）改訂の学習指導要領から「楽しい体育」のキャッチフレーズのもと，子どもたちが，固有の内在価値（楽しみ価値）を持つ運動に，まず主体的に関わる，即ちプレイするという人間にとっての本質的な意味の成立と子どもたちの運動に関わる具体的な学びとを有機的に結びつけようとした体育授業は，それまでの規律・訓練の側面がともすれば強調された受動的な体育授業から，子どもたちを「プレイヤー」の立場で「能動的」に体育の授業で活動できるように位置づけようとした大きな流れであった。しかしながら，この「楽しい体育」において子どもたちを能動的なプレイヤーとして育もうとする取り組みは，一方で体育の学習論の視点から以下のような批判の対象ともなった。

「生涯スポーツをめざす体育授業においては，情意的目標（楽しさ体験）は重視されなければならない。しかし，これは常にめざすべき方向目標であっても，中心的な学習内容にはなりえない。中心的で具体的な内容になるのは，運動技術であり，これに関連した社会的行動や知識である。」(高橋，2008)

上記の視点は，いわば子どもたちの「学習者」として立場を重視し，体育授業において具体的な内容を身につけるという結果を求めることに合理的な活動を工夫する授業を求めたと言えるであろう。このことは，平成20年公示の学習指導要領体育科においては「指導内容の明確化を図ること」，「指導内容の確実な定着を図る観点から，運動の系統性を図る」等が改訂の際の要点となるという形で取り上げられた。この趣旨が現在の体育の授業実践の上で強く意識されるポイントとなっている。

しかしながら，一方で子どもの「学習者」としての立場が強調され，運動課題の追求を重視する体育論については，以下のように早い時期から警鐘がならされている。

「運動課題の位置づけをめぐっては慎重になさなければならないことになってくるはずである。つまり，スポーツが，意識された一定の動機から出発するところの人間の行為である以上，そのことを抜きに，ことさらに運動課題のみを強調するようであれば，スポーツそのものの考察・理解は困難となってこよう。」(島崎・赤松，1995)

つまり体育の授業づくりには運動の楽しさ追求を到達目標という形で具体的な学習内容（運動課題）に置き換えていく操作化の必要性は認めつつも，逆に，それが一方的に進んでしまうと「運動の楽しさ」故の子どもの「プレイヤー」としての「能動的」な活動が見失われ，結果として「学習者の学習は後退し，学習者の外で意識された課題の転送となり，学習者にとって無意識的，無意図的な練習となってしまう危険性がある」ことへの危惧が述べられているのである。

以上のように体育におけるアクティブ・ラーニングを考える際には，子どもの「学習者」
でありかつ「プレイヤー」であるどちらもが「能動的」であることをどのように考え，実
現していくのかについて改めて考察していく必要性をまず指摘しておきたい。

3 運動教材に対して子どもが「能動的」であるということ

辞書によると「能動的」とは次のように説明される。「自分から進んで働きかけるようす．
（対）受動的」（デイリーコンサイス国語辞典，三省堂）

上記のように辞書的な意味合いでいうと，体育の授業において子どもが能動的に取り組
むということは，単元で取り上げた運動教材に対して，子ども自らがやってみようとする
という状況をもって「能動的」と呼べそうである。ただし，「自発的」という同義・類義
的だと考えられる言葉が辞書的には「自分から進んで行うさま」であることを踏まえると，
「能動的」は「働きかける」というさらなる積極性が含意されていると考えられる。

そのような運動教材への「より積極的な働きかけ」がプレイヤーであり学習者である子
ども側に実現してこそ「能動的」な状況といえると考えるのならば，体育授業として用意
される運動教材自体がある体育学習としての内容を身につけるための「材」として優れて
いるという視点以前に，そもそものプレイされるものとして「やってみたくなる，やって
みようとする」世界として子どもたちの前に立ち現れていなくては「能動的」な活動など
はあり得ず，プレイヤーとしては常に教師の指示・説明のもと，「受動的」な活動が継続
するにとどまることになるだろう。しかしその一方で，その「やってみたくなる，やって
みよう」というプレイヤーとしての能動性が，プレイを遂行するにあたっての具体的な技
能面や思考面の学習意欲を喚起させ，実際に学んでいこうとする学習実践に結びつかない
ならば，学習活動としては「能動的」とはいえず，これもまた体育授業のアクティブ・ラー
ニングとしては不十分だと言わざるを得ない。

いずれにせよ単元の運動教材がまずは子どもたちにとって「やってみたくなる，やって
みようとする」ものとして現れるものでなくては真の「能動的」なプレイと学習活動が誘
われないのではないかという問題意識から，従来の運動の特性論を補完し，「その運動が
なぜ面白いのか」ということの本質的な原理をシンプルに見通す運動への見方と実際の運
動教材づくりについて次項から見ていくことにする。

4 「能動的」な体育授業のために
—「モノ（他者）に触発される」＋「できるかできないか」＋「遊び方（ルール）」か
ら運動教材を作る—

子どもにボールを持たせると，ほとんどの子は「自分から進んで」つき始める。また例
えばセーフティマットが無造作に敷かれていると，必ずそのマットに「勝手に」倒れ込む

Ⅳ　体育授業の下ごしらえ—より深めたい先生のために—　89

子どもがいる。教師が校庭でホースで水を出していると「わざわざ」その水にかかりにくる子どもがいる。教室に戻る際，並んで歩いていた子がふざけて駆け出すと，「一緒になって」駆け出す。一人の子が教師にじゃれてくるので相手をしていると，「いつの間にか」多くの子どもが組みついてくる。これらの風景に見られる「遊び」について，以下のようなことが言えるのではないだろうか。

　　○当初からやろうと予定していた遊びではない

　　○一定のルールを持たない遊びである

　　○子どもたちがその遊びの面白さを知った上で（面白さの見通しの上で）始めたのではなく，いわば，その場に偶然あったモノ（他者）に「誘いかけられて」始まった遊びである

　さて，このように特徴づけられる上述の遊びは，従来の運動の機能的特性論，即ち主体としての個の欲求（競争・克服・達成・模倣への欲求）とその充足という枠組みの中だけでは整理しきれない。これらの遊びについては個の欲求充足の視点ではなく，「モノ（他者）に触発される」という視点が必要であると思われる。この「モノ（他者）に触発されて遊んでしまう」という現実は，自分が運動遊びに突き動かされ，働きかける動機としては，まさしく「能動的」とはいえないだろうか。

　上記のように環境に自分が触発され，主観であるはずの「私」と客観であるはずの環境とが，入り交じるような経験によって表出する意味世界を，作田は「生成の世界」と呼んだ。この「生成の世界」での体験は，モノや仲間に誘いかけられるままに身を投げ出し，夢中になり，自分とモノ・仲間とが主客不可分として「とけ込む」というイメージでとらえられる。マットに倒れ込む子ども，ボールを勝手につき始める子ども等々，この「とけ込む」体験の一つである。この「とけ込む」体験は，モノや仲間に触発されて始まったり，広がったりするわけであるから，まさにこの体験は「能動的」なプレイ体験の入り口の一つであるといえるであろう。

　さらに，体育の授業で「単元」として取り上げる運動教材では，上記の「とけ込む」体験のみにとどまらず，単元の運動教材固有の技能を駆使するプレイとしての側面に注目したい。その際，有効な視点となり得るのが，遊びとは「遊隙」を「遊動」している状態（西村，1989）であるという考察であり，ここから敷衍して，運動遊びやスポーツと呼ばれる運動は，およそ何かの身体的な動きを伴う課題について「できるか，できないか」を遊ぶことが本質である（松田，2009）という運動に対する見方である。この意味において，単元の運動固有の「遊隙」（どのような「できるか，できないか」が遊びの中心にあるのか）について明らかにすることは，体育における運動教材研究として非常に重要であり，学習者としても「能動的」な活動へ誘うことのできる最大のポイントである。

また実際の運動教材には，上記の「遊隙」「遊動」の具体的な方法として子どもたちにとって「遊び方（「できるか，できないか」への具体的な挑戦の仕方）＝ルール」を設定し，子どもたちへ提示することが不可欠である。この「ルール」はプレイヤーである子どもにとって，もっともわかりやすい形で単元の運動固有の「遊隙」「遊動」へ導き，そのための学びを成立させる「枠組み」でもある。子どもたちが「やってみよう」と思う，もっとも基本的でかつミニマムなルール，これを単元導入の最初に提示することから「能動的」な体育授業が始まると言ってよいであろう。

5 「能動的」な体育授業のための器械運動系運動教材設定事例

　上記のような，運動教材づくりのポイントを踏まえて授業計画を作成した器械運動系の授業事例を以下に2つ紹介し，今後のさらなる発展的な実践研究を期待したい。

（1）5年生「マット運動」
①マット運動の特性のとらえ方について
　マット運動は，マットという運動器具上で「転がる」ことを中心にした技や動きを行ったり，できるようになったりすること，即ち「両足立ちで，（上手に）回ってから，また（上手に）両足立ちになれるかどうか」についての挑戦を楽しむ運動である。また，その動きの中で，回転感覚やマットのもつ弾力感のおもしろさを体感することのできる運動でもある。
②授業づくりの視点
　本単元を仕組むにあたって，以下の2点に留意した。
a. 活動の場を，ある個人技の「習熟の場」としてのみとらえるのではなく，「マットと子どもたちとの関わりにおいて，転がる運動の楽しさを実現・保証する場」という広い視点でとらえる。
b. マット運動の楽しさを，「転がることにとけ込む楽しさ」「転がり方に挑戦する楽しさ」という2つからとらえる。「転がることにとけ込む楽しさ」からマット運動を考えるとき，マット運動の個人的種目としての特性を越えた多彩な転がり方（数人組での「キャタピラ回り」「連続とび前転」「全員横転がり」「シンクロ前転」「ドミノ回り」等）あるいは自由な転がり方で「場」自体を楽しむ運動が考えられるが，これらの転がる楽しさも，技への挑戦とその学びの中に位置づける。

Ⅳ　体育授業の下ごしらえ―より深めたい先生のために―　91

③学習のねらいと学習過程

| 1 | 2 | 3 | 4 | 5 | 6 | ⑦ | 8 | |

【ねらい1】今できる楽しみ方でマット運動をやってみる

> めあて1　やってみたい転がり方で，「転がることにとけ込む楽しさ」を味わう
> ↓↑　（めあて1・2は単位時間の中で場面によって切り替わる）
> めあて2　自分の力に応じた転がり方に挑戦する楽しさを味わう

【ねらい2】場や友だちとの関わり方を工夫してマット運動の世界をひろげる

④本時の学習の展開（全9時間計画の7時間目）

	ねらいと活動	支援と留意点
めあて1　やってみたい転がり方で，「転がることにとけ込む楽しさ」を味わう　←→　めあて2　自分の力に応じた転がり方に挑戦する楽しさを味わう	ねらい1　今できる楽しみ方でマット運動をやってみる 1. 自由にグループを作り，それぞれの場所に分かれる。 2. 友達と相談しながら場作りをし，やりたい転がり方で楽しむ。 【予想される場・活動】 ・セーフティマット，ゴムを使ったとび前転 ・色々な角度をつけた坂マットでの活動 ・でこぼこコースを作って横転がり ・キャラピタ回り ・手つなぎ前転 ・セーフティマットへのたおれこみ　等 ねらい2　場や友だちとの関わり方を工夫してマット運動の世界をひろげる 3. 面白そうな場や転がり方があったか発表しあう。 4. 他のグループが作った場で，いろいろな転がり方を試してみる。 5. 学習を振り返る。	●（最初の場） 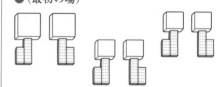 ●器具・用具の放置や子供のレディネスに見合わない危険な場がないかチェックする。 ●技を追及しているグループには子供のレディネスに見合った助言をし，運動課題などが明らかになるように支援する。 ●場作りに熱心なグループには，どんな転がり方をしたいのかをはっきりさせ，そのための場になるように助言する。 ●ここまでの活動で「これは面白い！」という場や転がり方を広める。 ●特に面白そうな場があれば，全員で試してみる機会をつくる。 ●「マット日記」に自由記述させるとともに，次の学習でのアイデアなども盛り込むように助言する。

⑤実践を振り返って

　この実践を通して，子どもたちは，従来のマット運動の技に挑戦する活動を楽しみ，技の習得のための学びを行うと同時に，「手つなぎ前転」や「全員横転がり」，足をゴム紐でくくっての「5人6脚前転」等の「転がることにとけ込む遊び」に友達と夢中になってひたることができていた。また，「グループ連続前転」「後転競争」というように「転がる遊び方」を自分たちで工夫するグループが出てきた。

　高学年になると技能差が大きくなり，器械運動に興味を失ってしまう子どもがよく取り上げられるが，今回の「転がることにとけ込む遊び」は，そういう技能差とは関係なく楽しめる遊びでもあった。

　しかし，高学年で，「転がることにとけ込む遊び」を取り入れた授業は，具体的にどんな転がる運動をどのように子どもたちが展開することが予想されるのか，そして「両足立ちで，（上手に）回ってから，また（上手に）両足立ちになれるかどうか」というマット運動の本質的な挑戦とその学習の中にどのように「転がってとけ込む遊び」を位置づけられるのかが整理され，授業の中での具体的な教師の支援の仕方について見通しがないと，教科の学習としては成立しにくい活動が生じる可能性もあるといえるであろう。

　いずれにせよ，「その運動がなぜ面白いのか」を突き詰めて考え，「能動的」な活動が引き出せる授業の具体に結びつける作業は非常に重要であると考える。

（2）2年生「とび箱遊び」

①「とび箱遊び」の特性のとらえ方について

　「とび箱遊び」は，台の向こう側に「跳んで乗り越える」ことを中心にした技や動きを行ったり，できるようになったりすること，即ち「台を手による支持跳躍で乗り越えられるかどうか」についての挑戦を楽しむ運動である。その意味では「とび箱遊び」とは「乗り越え遊び」とも呼びうる遊びである。

②授業づくりの視点

　「とび箱遊び」動の楽しさを，「台を乗り越えることにとけ込む楽しさ」「台の乗り越え方に挑戦する楽しさ」という2つからとらえる。

　低学年対象である本単元では，「台を乗り越えることにとけ込む楽しさ」をも十分取り上げたい。器械運動領域として，運動の機能的特性が「技への達成」に焦点化される以前の周辺的な面白さにも十分触れられるよう，場作りや学習の展開を工夫した。

Ⅳ　体育授業の下ごしらえ—より深めたい先生のために—　　93

③学習のねらいと学習過程

1 ・ 2 ・ 3	4 ・ 5 ・ 6
ねらい1：色々な乗り越え台で楽しむ	ねらい2：乗り越え方をくふうして楽しむ
オリエンテーション ○グループの友達と乗り越えの場を順番に回って楽しむ ・色々な乗り越え台での乗り越えを楽しむ ・友達と協力して乗り越え遊びを楽しむ ○乗り越え台を工夫して楽しむ ・台の高さを工夫する ・台の組み合わせを工夫する ・踏切の場や着地の場を工夫する	○グループの友達と乗り越えの場を順番に回って楽しむ ・色々な乗り越え台での乗り越えを楽しむ ・友達と協力して乗り越え遊びを楽しむ ○乗り越え方や場を工夫して楽しむ ・走って素早く乗り越える ・台の上への乗り方を変えてみる ・友達と一緒に乗り降りする ・乗り越えるルールを作ってみる

④本時の学習の展開（全6時間計画の5時間目）と場づくり

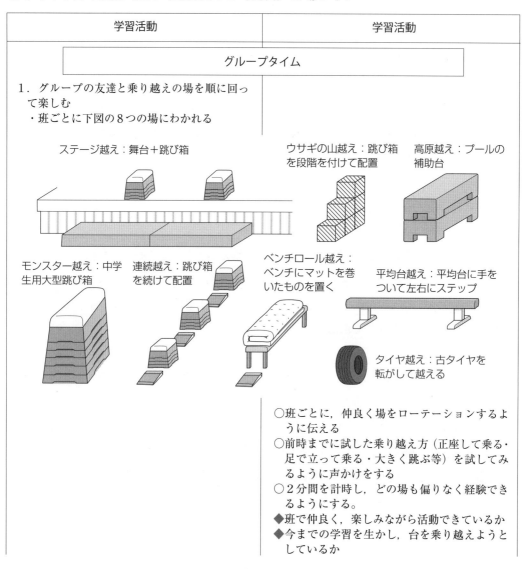

・1つの場で約2分活動し，2分ごとに次の場にローテーションする 2．なんでもタイムに向けて，行きたい場所や，やってみたい乗り越え方の見通しを持つ	○全員を集合させ，単元最後のなんでもタイムであることを知らせる ○乗り越え方にいろいろな工夫があったことを思い出させる。

なんでもタイム

3．乗り越え方や乗り越える場を工夫して楽しむ ・走って素早く乗り越える ・台の上への乗り方を変えてみる ・友達と一緒に乗り降りする ・乗り越えるルールを作ってみる 4．活動を振り返り，感想を話し合う	○声かけにより，活動を活性化していく ・「よし，できた！」「上手，上手！」 　「もうすぐできるぞ！」 ○反転系→体重移動・支持跳躍等 　回転系→踏切・腰位置の引き上げ等 　技術ポイントについての指導を適宜行う ○乗り越え方や場を少し変化させると楽しいことを知らせる ◆積極的に活動できているか ◆より楽しくする工夫やこだわりがあるか ○楽しかったこと，がんばったこと，難しかったことなど自由に感想を出させる ◆自分の思いをみんなの前で出そうとしているか ◆今までの活動の振り返りができているか

⑤実践を振り返って

　本実践は研究授業として外部の教員にも公開した実践であった。その研究授業としてのテーマは，「体育科の基礎的基本的な内容とは何か」ということであったが，「運動技能以前に子どもたちが実際にやってみようとするということ自体が基礎的基本的な内容ではないか」という本実践の提案に多くの支持が寄せられた結果となった。

この「実際にやってみようとする」ということは，この単元の場合，設定した「乗り越え台」＝とび箱に触発され，「乗り越えてみたくなる」ということが契機となって始まり，「実際やってみておもしろい」という実感がないと，結局のところ，「能動的」なとび箱運動の技能獲得のための学習活動もあり得ないと考えられる。その点からも単元終了時に，子どもたちから「もう終わるの？もっとやりたい」という声が聞かれたことからは，本単元がねらっていた「能動的」な活動が引き出せたのではないかと評価できるであろう。

しかし，一方で，中学年以降の「台を手による支持跳躍で乗り越えられるかどうか」という，とび箱運動としての技への挑戦の楽しさに誘っていくその後の道筋はどうなるのかという課題も浮かび上がった実践となった。さらなる実践の積み上げが望まれることはいうまでもない。

〈参考文献〉
木村敏（1982）『時間と自己』中公新書

西村清和（1989）『遊びの現象学』勁草書房

作田啓一（1993）『生成の社会学をめざして』有斐閣

佐々木正人（1994）『アフォーダンス──新しい認知の理論』岩波書店

島崎仁・赤松喜久（1995）『体育科の学習評価に関する基礎的研究──学習目標・内容の構造化をめぐって』大阪教育大学紀要第Ⅴ部門第44巻第2号

加藤義信・日下正一・足立自朗・亀谷和史編訳著（1996）『ピアジェ×ワロン論争──発達するとはどういうことか』ミネルヴァ書房

高橋健夫（2008）「教育改革でこれまでの体育はこう変わらねばならない」「体育科教育」第56巻5号，大修館書店

松田恵示（2009）「『戦術学習』から『局面学習』へ」「体育科教育」第57巻4号，大修館書店

※本稿は以下の拙著を一部改編し，大幅に加筆したものである。
・『スポーツ文化と教育－人間とスポーツの新たな関わりを求めて－，「地域社会と学校」，「新しい体育授業の創造」』
　158頁〜164頁，176頁〜186頁，学術図書出版，1997
・『「楽しい体育」の豊かな可能性を拓く－授業実践の手引き－，体育授業で，マット運動の世界に「とけ込む」体験を！』
　146頁〜149頁，明和出版，2008
・『「楽しい体育」の考え方に基づく授業実践に関する一考察』「児童教育学研究」第35巻，神戸親和女子大学，2016

3 教材を考えるにあたって

1 「教材」に対しての教師の「考え方」

　私たち教師が持つ「教材観」は，教材を通して伝えたい内容が，「運動（スポーツ）の行い方（主に技能）を身に付けること」か「運動（スポーツ）を生活化すること」かという視点と，「教材は内容とは峻別され，何かを教えるための手段であると捉える（教材を手段的に捉える立場）」か「教材は教える内容そのものであると捉える（教材を目的的に捉える立場）」かという視点に分けることができる。つまり次のような，2軸4象限の見方ができるということである。

　そして，この2軸4象限による類型化を使って体育実践の特徴を見てみると，図の②に当てはまるスポーツの生活化が内容であり，教材を目的的に捉えるという「スポーツ生活化・教材目的的群」の実践が最も少なくなっており，③の運動の行い方（主に技能）の習得が内容であり，教材を手段的に捉えるという「運動の行い方・教材手段的群」に当てはまる実践が極端に多くなっていることがわかる。

　類型化した各群を年代別にさらに読み解いていくと，2008年を境に，教材を「運動を上手に行うための手段」として捉え，「運動を上手に行うための方法」が重視される技術至上主義に向かってしまっている可能性を合わせて指摘できるのである。

2008年には学習指導要領の改訂があり，体育科の内容の示し方に大きな変化があった。学習指導要領は授業を行う上での国の指針である。国の指針である学習指導要領の改訂と授業実践の類型に偏重があったこと，この2つが全くの無関係であるとは言い切れないであろう。

また，上述の指摘は，素朴な疑問として，体育における「生涯にわたって豊かなスポーツライフを実現するための資質・能力を育成する」という目標が授業実践で視野にいれられているのだろうか，と投げかけることができる。私たちの生活の中にあるスポーツは，文化として生活に根付いており，その視野を持った授業実践が少なくなっているという事実が，学習指導要領の改訂から生じているとすれば大きな課題ではないかと思うからである。換言すれば，生涯スポーツを目指した学習指導要領の改訂が逆に，生涯スポーツを遠ざけているのかもしれないということである。

2 学習指導要領の改訂と「型」による教材観の揺らぎ

授業実践の偏重が生じた2008年の学習指導要領改訂での変更以降，体育科の内容構成の示し方には特徴が見られる。体育授業で学習する内容は，「生涯スポーツ」という体育科の目標を達成するために「指導内容を整理し，明確化すること」が重視され，その結果，ボール運動・球技の領域で，各種目がゴール型，ネット型，ベースボール型に分けて示されているのである。さらに，個々の種目を超えて同一型内であれば共通の「うごき」という学習内容があるという認識が明確に示され，2017年3月改訂の学習指導要領でも同様の認識が継続されている。しかしながら，体育で学ぶべき内容が「うごき」であると過度に捉えれば，自動的に同一型内で共通の「うごき」を学ぶために，スポーツという教材を使う＝「手段的にスポーツ」という教材を扱う構図がいともたやすく共有されることになってしまい，その結果，体育授業で扱う内容の範囲は，スポーツの生活化ではなく，運動の行い方に傾いていく。

このように，学習指導要領改訂をきっかけに，型共通の「うごき」に学ぶべき内容が集約されてしまい，体育授業における教材観が揺らいでいると考えることができるのである。

3 行動主義的学習観と「型」をめぐる言説

型共通の「うごき」という認識を重視する研究や実践を概観すると，「ボールをもたないうごき」と「ボールを操作する技術」という「技能」の習得が重要視されていることに気づく。また，その運動をする際に必要になる同一型内共通の「技能」を習得すれば，学校という枠組みから出た後でも自ら適した運動を選択し，参加する「生涯スポーツ」を実践していくことができるという認識が透けて見える。

Ⅳ　体育授業の下ごしらえ—より深めたい先生のために—　　97

松田 (2014) が指摘するように，学習指導要領改訂に伴いボール運動・球技領域が型で示されたことにより，「技能」を習得していれば，またはそのスポーツが「できれば」，生涯にわたってスポーツに親しむことができるという，「技能」に特化し，「できる」ことと「楽しい」ことを同義として捉えてしまう安易な行動主義的な学習観に派生する誤解が生まれたままに授業が展開されていく可能性があることが，教師の教材に対する認識の傾向からも否定できなくなっているということである。さらにいえば，「共通のうごき」は「全く同じ」ではなく「似ている」だけだからこそ，遊びの不確実性が保障され，面白いのではないだろうか。

国の教育指針ともいえる学習指導要領の改訂と，教材観の揺らぎに関連があるとすれば，学習指導要領という法的拘束力のあるその性質を鑑みたとき，「うごき」という運動の行い方の技能を学習内容とし，さらに教材をその技能を習得するための手段として扱うという特定の教材観に，教員の意識が画一化される可能性があるということでもある。これは，現場の教員が暗黙のうちにその教材観を受け入れ，思うままに技能の習得だけに重きが置かれた授業が展開されていくことにも繋がりかねない。

学校の教育カリキュラムについて，「内容」は「目標」を達成するために学ぶものであり，「教材」はその「内容」を学ぶためのものであるからこそ，「目標」「内容」「教材」が一貫性を持つべきだという佐藤 (1992) の指摘からすれば，体育科においても「生涯にわたって豊かなスポーツライフを実現するための資質・能力を育成する」という目標を達成するために，学習する内容としてのスポーツ文化があり，その内容を学ぶためにスポーツを教材化した教材があるという一貫性が重要であるということである。

「ラインサッカーは普通のサッカーと少し違うけど楽しい遊びだった」という感想から小坂 (1999) は，元々文化であるスポーツが発達段階や技術の習得という教育的視点が強調され，学校という閉ざされた独自の文化の中で教材化されることで，逆に学校文化化されてしまい，学びの主体者である児童・生徒からみたスポーツが軽視されていると指摘している。これは，大人の論理で，学びの主体者である児童・生徒の視点からみたスポーツというものを無視して外圧的に学校文化化してしまい，学校という閉ざされた空間でのみ意味のある教材にパッケージ化していってしまう危険性を指摘しているのである (小坂, 1999)。そうなってしまえば当然，学んだ技能を日常生活に一まとまりの文化として存在しているスポーツに参加する形で生涯スポーツとして活用したり，他のスポーツに転移したりして活用することは難しくなってしまう。

「うごき」という技能のみに焦点をあてて学校の外にある文化としてのスポーツを無視してしまえばラインサッカーと同様の感想がでてくることは想像にかたくない。同一型内で共通に学ぶべき「うごき」として，学習内容を「ボールを操作する技術」と「ボールを

もたないうごき」という技能であると捉えた場合，教材もその技能を習得するためだけのものとなってしまい，学習内容，教材の素材となるべきスポーツの持つ固有の文化性は宙に浮いてしまう。そうなれば日常生活の中にすでに一まとまりの文化として存在しているスポーツとの接点は弱いといえるだろう。「ボールを操作する技術」や「ボールをもたないうごき」といった技能は，スポーツに参与し，スポーツを楽しむための必要要件であるものの，充足要件とはなりえないのである。

さらにいえば，現在の体育授業実践は，「運動の特性」を大切にするということと，「技能」を大切にするという，学習内容としての「技能」と「運動の特性」とが相反する形でねじれ，さらには体育科の目標である「生涯スポーツ」という目指すべき姿が薄らいでいると見えるのである。

体育科の教育課程をめぐる「目標」「内容」「教材」の一貫性については，体育科の目標である「生涯にわたって豊かなスポーツライフを実現するための資質・能力を育てる」ということとの整合性の中から考えられる必要があり，そのためには，技能やゲーム構造などに限定してスポーツを捉えるのでなく，体育科の内容と教材として，それぞれのスポーツが持つ，技能やゲーム構造などを含んだ固有の文化性を意識する必要がある。

型共通の内容を想定し改訂された学習指導要領を背景とした，現在の体育の学習指導論の教材観をめぐる現状と課題は以上のようなものである。上述のこれらの課題を「体育における『画一化と一貫性』問題」とまとめておきたい。

4 サッカーの教材を例にとって

スポーツ文化を構成する諸要素を，「スポーツ観」，「スポーツ規範」，「スポーツ技術」，「スポーツ物的事物」の 4 つに分けて捉えた佐伯 (1984) の研究を援用しながら，それぞれのスポーツ文化にどのような違いがあるのか，サッカーとその派生スポーツであるフットサルに焦点づけて検討してみたい。

まずは「スポーツ規範」に目を向けてみよう。フットサルは，サッカーと比べてピッチが狭いため，自由なスペースもなく，敵チームからのプレッシャーも受けやすい。その結果，選手には素早い状況判断や狭いスペースでボールを扱うテクニックが必要になる。そう考えるとフットサルは，サッカーよりもプレイするのが難しい方向に派生しているのである。

またフットサルでは，競技規則がローカル・ルールという形で自由に変更されて大会等が行われている。一方のサッカーでは，大会によって得点の計算方式や人数が異なるというローカル・ルールに出会うことはほとんどない。

これらのことからは，フットサルでは，関わる人たち自身に「脱ルール」といった意志

が働き，フットサルを「遊ぶ」という構図が見てとれる。逆にサッカーはプレイそのものの自由度こそ高いが，競技としての側面が強く，フットサルに比べて「遊ばない」という構図が見てとれるのである。

　次に「スポーツ技術」に目を向けてみよう。ボールを扱う技能に焦点を当てて見ていくと，「トーキック」「足の裏を使ったボールコントロール」という2つの技能がフットサルにおいて重要かつ特徴的なテクニックであることがわかる。この2つのテクニックはサッカーにおいてはそれほど重要であるとは捉えられていない。その理由を推察すると，広いピッチの場合，正確性に欠ける「トーキック」では誤差が大きくなってしまうからであると考えられる。「足の裏を使ったボールコントロール」に関しても，サッカーの場合，フットサルに比べて遥か遠いゴールへ向けてボールを運ばなければならないため，広いスペースをいかに有効に活用して，効率的にボールを前に運ぶかが問題となってくる。そのため，「足の裏を使ったボールコントロール」は，狭く難しい空間を打破する必要のある，フットサルに重要なテクニックとなっているのであろう。

　これは，ゴールという目的を達成しようとしたときに，フットサルは狭い空間を突破するという技術が必要になるのに対し，サッカーは広い空間を有効に活用するための技術が必要になるというように，重要になる技術が異なっているということである。

　さらに，戦術に焦点を当ててみると，フットサルでは「ピヴォ当て」というポストプレイが主となる攻撃戦術が重要視されている。これはフットサルがサッカーに比べて縦に長い比率のピッチで展開していることが影響していると考えられる。一方，サッカーはポストプレイだけでなく，ピッチが広い分，サイド，ディフェンスラインの裏のスペースをバランスよく使い分けることで，広い空間をいかに有効に使うかを問うているのである。

　また，フットサルでは，「型にはめる」戦術が重要視されており，例えば「エイトのボール回し」，「サインプレイ」など，フェイクやブロック，パスを出すタイミングなど，型にはめる形で細かく説明されている。一方で，サッカーにはサインプレイという概念は少なく即興的にプレイヤーによって行動が判断される。

　これは，ゴールという目的を達成しようとしたときに，狭い空間の相手守備を突破するためにサインプレイが必要になるフットサルと，広い空間をいかに有効に活用するかを即興的に考えるサッカーでは重要になる戦術に大きな認識の違いがあるということである。

　次に「スポーツ物的事物」に目を向けてみよう。施設に焦点を当てると，フットサルでは先ほどまでプレイしていた人がゲームをみながら談笑していたり，その逆があったりなど，プレイする人と見る人が入り乱れている。街中のアクセスのいい場所などに立地していることが多く，フットサルにそれほど関心がない周囲の人も巻き込んで，多様な人たちが様々な時間を過ごす居場所となっている。一方サッカーは，運動公園などに併設された

ピッチまたは専用施設としてはスタジアムが街の中心地からは少し離れたところに立地することが多い。また，その場にいるのは関心が高く，真剣にプレイするまたは応援する人だけで，競技の前後での多様な人たちの談笑の場として機能しているとは言いづらい。さらに言えばサッカースタジアムはプレイするか見るかのどちらかで，そこにプレイする人と見る人の混在はほぼない。施設についてまとめると，フットサルはコミュニティ型の居場所としてのあそび場，サッカーは関係者のみの真剣勝負の場と捉えられるということである。また用具に焦点をあてれば，ボールのサイズや弾み方，ゴールの縮尺なども実は大きく異なっているのである。

　スポーツ規範，スポーツ技術，スポーツ物的事物，雑誌記事の抽出から，フットサルのスポーツ観は「不自由な足で，規則的なチーム戦術と個人技術を駆使して，狭いスペースの中，相手のゴールまで小さいボールを運べるかどうかという遊び行為」と捉えることができる。一方，サッカーのスポーツ観は，「不自由な足で，即興的に，広いスペースを有効に活用しながら，相手のゴールまでボールを運べるかどうかという真剣勝負」と捉えることができる。

　また，一方で，スポーツ観を定義づけようとしたとき，スポーツを「するスポーツ」としてだけ捉えた場合と様々なかかわり方があるスポーツとして捉えた場合では，スポーツ観に差異がある。

　サッカーとフットサルはそれぞれに「する・行う」「みる」「創る・支える」という楽しみ方があり，そのかかわりの中で，「個人的価値，教育的価値，社会・生活向上価値，経済的価値，国際的価値，鑑賞的価値という6つの価値をもたらしている。」(中西, 2012, pp8-9)。個別の文化が異なるため，その文化を受けて新たに生み出される価値にも差異が生まれるのである。

　サッカーとフットサルはこのようにそれぞれ固有の複合的な文化を持っている。フットサルを生涯にわたって楽しむとき，社会に存在するフットサルの文化を知らなければ，かかわり方がわからず，かかわっていくことは難しい。いくらサッカーと共通の「うごき」だけを習得したところで，主体的にフットサルにかかわっていこうとは思いにくい。そこには，「面白さ」という魅力ももちろん必要であるし，その「面白さ」を規定するための技術やルール，施設や用具も必要となってくるのである。

　原型スポーツと派生スポーツという関係であっても，スポーツを文化として捉えたときには，これほどまでに相違点の多い運動を，「うごき」の共通性として，単に「うごき」を身につけるための道具として位置づける学習指導が，はたして生涯スポーツに資する学校体育と言えるのであろうか。

　「生涯にわたって豊かなスポーツライフを実現するための資質・能力を育成する」こと

が体育科の目標であるが，内容で同一型内共通の「うごき」を教えることになり，そのための教材が必要とされている現状がある。学習内容として共通の「うごき」を教えようとした場合，その中核にある固有の楽しさはぼやけてしまう。さらに文化として存在するスポーツの全体像が見えないままに行われる，学校文化化された教材は文化としてのスポーツからは遠ざかってしまう。いくら共通の「うごき」を習得しようとも，その「うごき」と学校の外にある文化としてのスポーツに接点を見いだせなければ「生涯にわたって豊かなスポーツライフを送ること」は難しいだろう。

　体育授業を行う教師は，スポーツを複合的な文化として捉え，「生涯にわたって豊かなスポーツライフを実現するための資質・能力を育成する」という目標との整合性の中で，素材となるスポーツ種目を選択し，教材化するという意識を持ち続ける必要があるのではないだろうか。

〈参考文献〉
松田恵示（2014）「体育における構成主義の再評価と『運動の特性』の捉え直し」『体育科教育』1月号，大修館書店
佐藤学編（1992）『教育の方法』左右社
小坂美保（1999）「学校文化としての教材と社会の関係に関する一考察：特に小学校のサッカー教材について」『日本体育学会大会号』(50), 275
佐伯聰夫（1984）「スポーツの文化」菅原禮編『スポーツ社会学の基礎理論』不昧堂出版
中西純司（2012）「特集論文：スポーツの力『文化としてのスポーツ』の価値」『人間福祉学研究』第5巻第1号

4 「ねらい」のもち方・もたせ方

1　バットレスベースボールの実践から

　右の写真を見ていただきたい。写真の子どもたちは，体育の授業であるスポーツをしている。何をしているところだと思われただろうか。これは，ベースボール型のゲームの一こまである。一塁ベースに相当する「陣地」に打者が到着するのと，守備の子から送球されたボールが到着するのとは，「どちらがはやいか」つまり「アウト」か「セーフ」かを競っているところである。この男児はギリギリ「セーフ！」だった。次の打者は女児。「今同点だか

らなんとか得点したい。そのために，一塁方向をねらおう」というねらいをもった女児の
ボールは，思いのとおりの方向へ転がった。守備の子は，捕球後，一塁へ投げるか，二塁
へ投げるか迷っている。「1点はしかたない。一塁へ投げて確実にアウトをとることを優
先しよう」。このゲームは，二塁に進塁できれば得点となるルールで行っている。女児は
アウトになったが，チームとしては1点獲得だ。二塁に進塁して得点した男児，見事に打
点を挙げた女児，2人ともに拍手で仲間に迎えられた。

　本書Ⅱ章（60ページ）に詳しいが，このゲームには攻撃側にも守備側にも，「状況判断」
が必要である。もう少し説明すると，このゲームの導入期では，いわゆるバッターはバッ
トを持たない。技能としては難しい「打つ」行為をせず，ボールをフィールドに「投げる」
ことで攻撃がスタートする。一塁手は，守備から送球されたボールを「捕る」という技能
を使わず，タンバリンに当てるだけでよいというルールにしてある。非常に単純なゲーム
だが，子どもたちは大変盛り上がる。そして，そのゲームの様相は，実に「野球っぽい」
のだ。さらに，一人ひとりがゲームにおいて何をすべきか，明確な「ねらい」をもってい
た。ではどうして子どもたちは「ねらい」をもつことができたのだろうか。

2 運動の面白さから授業をつくる

　ゲーム・ボール運動領域は「ゴール型」「ネット型」「ベースボール型」の3分類で示さ
れている。これは，ゲームの様相を戦術やルール，その形態から見たものである。つまり，
ボール運動にはその種目を楽しむための共通した「技術」や「戦術」の能力があり，それ
を学ばせることがゲーム・ボール運動の学習のあり方だと捉えることができる。

　一方で，スポーツの特性を味わわせるという観点から，運動の面白さそのものに注目し
てゲームをさせ，そのスポーツ自体を学ばせることを意図する授業論も存在する。ベース
ボール型ゲームでは，ボールを「投げること」「打つこと」「捕ること」等をその特性だと
捉え，それに十分浸らせることをねらうのである。

　ここで，子どもやプレーヤーがベースボール型ゲームをするときに必要な視点は，上記
のような「動き方を学ぶ」ことや「投げたり打ったり捕ったりすることを学ぶ」ことなの
であろうか。「打つことができるかどうか」に子どもたちが夢中になるのなら，「ホームラ
ン競争」でもかまわない。「投げること」に夢中になるのなら，「遠投競争」でもよいはず
だ。しかし，これらの競争は，ベースボール型ゲームの一部ではあっても，「ベースボール」
の面白さのすべてを語れていない。また，運動が苦手な子どもたちは，「ボールを打つこと」
に一生懸命になり，打ったら一塁へ走るということまでたどりつけず，「ルールが難しく
ベースボール型のゲームはつまらない」ということに陥ることも考えられる。

Ⅳ　体育授業の下ごしらえ—より深めたい先生のために—　103

3 面白さの視点に立った「学び」

　体育学習において，学ぶ主体者は紛れもなく子どもたちである。子どもたちに明確なねらいをもたせるには，どうすればよいであろうか。そのために教師が，「子どもはそのスポーツにおいて何に挑戦し，何を面白がっているのか」という視点でスポーツを見ることが鍵になる。ベースボール型ゲームは，「ベースに着くまでのボールと自分との競争」であり，「どっちがはやいかな」という世界に子どもたちが浸ることが面白さの原点であると捉えてみたい。バットレスベースボールでは，「どちらがはやいかごっこ」というベースボール型ゲームの特性をできるかぎりクローズアップして構想されている。具体的には，「投げる」「打つ」「捕る」という身体の動きをまず学習するのではなく，ゲームそのものの意味を最初に学ぶことを大事にして，子どもたちにその世界に十分浸らせたのである。ゲームの意味を十分に理解すると，子どもたちは，切実感をもって「投げる」とか「捕る」という技能を求め，高めようとする。ボールとの競争に勝つためには，できるだけ強く遠くに投げたり，ねらったコースに投げたりできるようになりたい，と子どもたちは願うようになる。この願いが，自分の技能を向上させたいという学習意欲を喚起させ，明確な「ねらい」をもつことにもつながるのだ。学習の初期は，一塁への競争のみで展開するゲームに夢中になっていた子どもたちも，慣れていくにつれ，二塁ベースを設けてより難しく，より面白くしたいと願うようになる。二塁までたどりつけば得点，というルールが採用されると，打者の子は，「自分が出塁する」という役割に，「一塁にいる走者を進塁させる」という役割が加わることになる。このとき，打者として，どこへ投げればいいか，という状況判断を自然にするようになるし，投げた後，一塁にとどまるべきか，一気に二塁を目指すべきかをも判断する必要が出てくる。また，自分がラストバッターのときは，当然二塁まで目指すという「セオリー」も子どもたち自身で見つけていくようになる。ゲームの意味が理解できれば，戦術的な動きを子どもたち自身で見つけていくようになるのであろうし，この姿こそが，意味のあるボール運動の学習だといえるのではないだろうか。

4 ねらいのもち方・もたせ方

　ゲームの面白さの意味を理解しそれに浸ることで，子どもたちは切実性のある「ねらい」をもつようになる。例えば，ソフトバレーボールであれば，自分のコートでは，「ボールを落としちゃいけない」という世界に挑むことが面白さの原点となる。ところが，相手コートにボールを送るときには，「ボールを落としたい」という世界に挑戦課題が切り替わる。このようなゲームの意味を十分理解することで，子どもたちは「では自分たちのコートにボールを落とさないようにするにはどうすればいいのか」「相手コートにボールを落とす

ためにはどうすればいいのか」を必死になって考えるはずである。そうして考えた「ボールの下にできるだけはやく入ろう」「上手に組み立てて強いボールを相手コートに返そう」「相手のアタックをネット際でブロックして止めよう」「腰を低くして強いボールに備えよう」といった明確な「ねらい」をもつことができるようになるのである。より効果的に相手コートにボールを落とせるように攻撃を組み立てようという戦術の必要性が，子どもの内側から生まれてくるだろう。

　ここでは，ゲーム・ボール運動を中心に「運動の面白さ」に十分浸らせる必要性とそこから子どもたちが本質的な「ねらい」をもつようになる視点を論じた。体育学習において，学習内容を明確にすることは大切である。しかし，それが子どもたちの学びや育ちから切り離されてしまっては，せっかくのボール運動を学ぶ価値が半減してしまう。「ねらい」をもつことで，行った運動をその視点で見つめ，振り返ることが可能となる。運動に変容がおきたかどうかを評価できる。変容がおきたなら，子どもたちはさらに「ねらい」をもち，「より面白く」なるように運動に取り組み，学びを発展させていけるだろう。そのためにも，まずは教師自身がスポーツや運動の本質的な面白さの意味をわかっていることが重要である。そこを見つめることで，子どもたちに意味のある「ねらい」をもたせることができるのではないだろうか。

〈参考文献〉
松田恵示（2009）「『戦術学習』から『局面学習』へ」『体育科教育』第 57 巻第 4 号，pp.20-24

※本稿は，鈴木聡（2009）「『戦術』学習と『種目』の学習の比較からこれからのボール運動を考える」『体育科教育』第 57 巻第 4 号，pp.26-29 を加筆，修正した。

5 学習過程

1 学習過程とは何か

　「学習過程」とは，学習者が学習目標を達成させるための内容を，順序性をもった合理的な学習の道筋として示すものであり，学習すべき内容を習得する過程として具現化されるものである（高橋，1992）。高橋の整理によると，学習過程の構成は，体育の基本的な考え方によって異なるという。例えば，発達刺激を重視する「訓練過程」，子ども中心に生成された問題を解決していくことを重視する「問題解決過程」，技術を中心として系統的

に学ばせていくことを重視する「系統的学習過程」である。さらに，生涯スポーツがうたわれるようになり，すべての子どもたちに運動の楽しさを味わわせることをねらう学習過程として，「ステージ型の学習過程」及び「スパイラル型の学習過程」が登場した。

「ステージ型の学習過程」は，主に集団スポーツにおいて適用されるものであり，単元はじめは「今持っている力」（ねらい1）で学び，それを基にして単元後半では「創意・工夫・努力を加えた力」（ねらい2）で学ぶという道筋である。「スパイラル型の学習過程」は，主に個人種目に適用されるものであり，個に応じた内容の選択をしながら，毎時間の学習を「今もっている力」から「工夫した力」へと螺旋的に進めていこうとする学習過程である (長谷川, 2002)。これらは，子どもたちの自主的，主体的な学習を進め，個に応じたねらいを立てながら，運動の楽しさに触れていくことを目指す学習過程のモデルとなったが，この学習過程をなぞれば子どもたちが運動を楽しみ，学習成果を得ていくというものではない。いわゆるゴールフリー型の学習であれば，子どもに委ねていくこと自体に意味があるが，本書で紹介する実践のように，子どもたちが技術と動きをセットにして運動の意味を学び，その運動に夢中になって取り組む学習を目指すとなると，それが実現する学習過程が必要になってくる。

2 切実性を伴う学習過程

ここでは，低学年のゲームにおける学習過程の例として，子どもたちがルールやコートを工夫しながらゲームを楽しんでいく「まと当てゲーム」の学びの過程を紹介しながら学習過程について考える。

子どもたちの投力が落ちてきているといわれて久しい。ボールを投げるという経験の乏しさや遊び場の不足がその要因としてあげられることが多い。しかし，多くの子どもたちは，「ボールを思いっきり投げたい」という思いをもっている。目の前にまとがあれば，「まとにボールを当ててみたい」と願うはずだ。そのような子どもたちの純粋な願いをかなえられる教材として「まとあてゲーム」は優れた教材だと言える。ここに紹介する実践は，半径2mほどの円の中に，まとを3つおき，思いっきりボールをぶつけて倒すゲームである。ボールが当たると大きな音がする。子どもたちは夢中になってまとにボールを当てようとする。「はやく全部のまとを倒したチームが勝ち」というはじめのルールを教師から示し，チームで対戦をしたところとても盛り上がった。ボールは1人1個用意してあるので，全員の子どもたちが積極的にまとをねらうことができる。上手に全部のまとを倒すことができたチームもあれば，なかなか倒すことができないチームもでてきた。なかなか勝てないチームは，なにやら作戦を考えて次のゲームに臨んだ。そして次の対戦では，見事に勝つことができた。そのチームはある「工夫」をしたのだ。円のラインぎりぎりのところにま

とを置き，近くから思い切りボールを当てる「作戦」を使ったのである。他のチームもすかさずまねをするようになる。ゲームが再開すると，あっという間にすべてのチームのまとが倒れた。まとをすべて倒すことができて大喜びをするものの，全チームが同点という結果に「これじゃ面白くない！」と子どもたちは考えたのである。

　教師から，「どうすれば面白いゲームになるのだろう？」と投げかけると，「もう少し難しくしなくちゃ面白くならないよ！」という発言が出てきた。「面白くするためには少し難しくする」という言葉は，非常に重要な言葉である。そこで，円の中心付近にもう一つ半径１ｍほどの円を描き，その内側にまとを置くことにした。「内側の円の中であれば，まとをどのように置いてもよい」というルールが合意形成された。子どもたちからは，たくさんの工夫が出てきた。まと一列に並べてボールをぶつける「かべねらい作戦」やドミノ倒しのように一気にまとを倒す「ドミノ作戦」，3つのまとを重ねて一度に倒すことをねらった「三段重ね作戦」など，アイデアがどんどん出てきた。

　この形態のゲームに十分ひたったあとで，教師は再び「さらに面白くするにはどうしたらいいかな？」と投げかけたところ「まとに当てるのを邪魔する相手を入れる」「ボールがまとに当たれば1点」というルールの変更が提案された。現行のルールでは，「まとにボールを当てることができるかどうか」という挑戦課題であったが，今度は「自分の前にいる相手をかわしてボールをまとに当てることができるかどうか」という挑戦課題に変化させたわけだ。このような状況になったことで，攻撃側のチームはさらに作戦を考えるようになった。目の前に立ちはだかる相手をかわしてまとに当てる「必然性」が出てきたのだ。相手を振り切るために円の回りを走り回る「ぐるぐる作戦」や，相手の頭を越えるボールを投げてまとに当てる「山なりシュート作戦」などが登場した。まとを外した「こぼれ球」を拾い，仲間にパスするような連係プレイもみられるようになった。子どもたちは，チームの仲間と協力し，工夫したのである。「相手をかわしてボールをまとに当てたい」「ゲームに勝ちたい！」という切実感が「工夫する」という行為を生んだわけだ。

　この様相のゲームをさらに発展させるとすると，バスケットボールやハンドボールのように攻防が入り乱れながら自分たちのまとにボールを当てるゲームにしていくことが可能である。「ボールは持って運んでよい」「パスをしてもよい」「二重円のドーナツ状の部分に入って守ることができる」「まとをねらうのはどこからでもよい（シュート空間が360度ある）」というルールを取り入れることで，「仲間と工夫しながら相手をかわしてまとにボールを当てることを競い合う」というゲームの面白さを引き出すことができる。ここでも子どもたちの工夫が「作戦」という形であられる。目の前にマークにつかれた場合，反対側にいる身方に山なりのパスを出し，その子がキャッチをしてすかさずシュートする「山なりパス作戦」，まとのそばに一人だけ残っていてボールをもらうとすかさずにシュート

Ⅳ　体育授業の下ごしらえ—より深めたい先生のために—　107

する「いのこり作戦」等である。さらに，外円をぐるぐる回ってボールを手渡し，マークが外れたときにシュートする「ぐるぐるパス作戦」など，より工夫された連係プレイがみられるようになる。

　子どもたちは，この学習過程において，まと当てゲームの本質的な面白さに触れながら，ルールやコートを少しずつ変化させ，面白さを発展させていったといえる。そしてゲームに没入しながら，「ボールを投げる」「ボールを捕る」といった基礎的なボール操作技能や「意図的に動きながら仲間と工夫してまとに当てる」という戦術能も伸ばしていった。つまり「ボールを上手に投げられるようになる」という「ねらい」は，教師が子どもに与えたものではない。「まとにボールを当てたい」「ゲームに勝ちたい」という子どもたちの切実な思いが基盤となって子どもたち自らもつことができた「ねらい」だといえる。学習過程の中で，チームの仲間どうしで教えあったり積極的に教師からのアドバイスを受け止めたりしながら，一人ひとりの中で「技能」「動き方」「戦術」といった学習内容を身につけていったといえる。

3 おわりに

　紹介してきた学びの道筋は，自分たちの技能レベルと挑戦課題を捉えながらゲームをより面白くするという視点から挑戦課題を上げ，技能を伸ばし，作戦をつくり，より面白いゲームをつくりあげていった学習過程であった。このような学習過程をつくるためには，子どもたち自身が協力して活動するような課題を設定する教師の手だてが必要となる。「技術や戦術を教える」だけではなく「もっと面白いゲームをつくりたい」という主体的な姿が表出される学習過程の構築が求められる。この実践では，どの子もシュートチャンスを保障し，まとにボールが当たるか当たらないかという挑戦課題を明確にして，少しずつルー

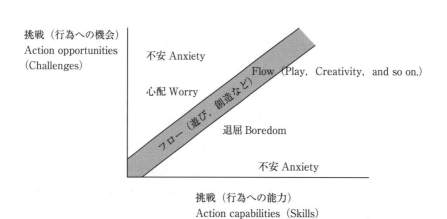

図　フロー理論（チクセントミハイ）

ルやコートを変化させていくことでより面白いゲームに発展させていくという視点が学習
過程を構築する基盤となっている。この過程は，前ページの図に示したM.チクセントミ
ハイのフロー理論（チクセントミハイ，1990）を援用して考えることができる。チクセントミハ
イは，遊びにおける楽しさは遊ぶ者の技能水準と課題水準の調和がとれるときに生じるこ
とを提言した。さらに，その状況に飽和が訪れると退屈するようになるが，課題水準を上
げると再び楽しさが生じるようになると説明し，この「楽しさが持続する状況」を「フロー
状態」と名づけた。子どもたちが「まとに当たるか当たらないか」という挑戦課題に没入
し，その行為が飽和にたるとルールやコートを工夫して挑戦課題を上げ「より面白く」し
ていった過程は，フロー図を用いて説明がつくだろう。このような学びをつくるためには，
教師は「ゲームの面白さ」や「何に挑戦するゲームなのか」ということを十分に理解して
おくことが重要になる。ゲームや運動の面白さの本質を捉え，その挑戦課題から子どもた
ち自ら「めあて」をもつことを誘発するルールやコートをいかに設定するかが鍵となる。
この実践でいえば，「二重円」「ボールが当たると音がするまと」「360度どこからでもシュー
トできるルール」というものがそれに当たる。その上で，子どもたちとのやりとりを通し
て「切実性のある課題」を見つけることを支え，子どもたちがみんなで解決していくとい
う学習過程を構築する姿勢が大切である。

　子どもたちがみんなで協力して運動にひたり，楽しさや喜び，の面白さを感じられる体
育の学習過程をつくっていきたいものである。

〈参考文献〉
長谷川悦司（2004）「体育科の学習過程論」高橋健夫・岡出美則・友添秀則・岩田靖編著『体育科教育学入門』大修
　館書店,pp.98-108
高橋健夫（1992）「体育の学習過程」宇土正彦・高島稔・永島惇正編著『体育科教育法講義』大修館書店,pp.78-88
チクセントミハイ（2000）『フロー体験 喜びの現象学』今村浩明訳,世界思想社

6 チーム，グループ，学習集団

1 学習集団と学習形態

　学習集団をいかに組織するかは，体を動かす活動が中心となる体育では教室で行われる
他の多くの授業の時以上に指導における重要なポイントとなるかもしれない。もちろん実
技だからこそ，多くの運動領域でチームや班単位の小集団で活動をさせていくため，教師

IV　体育授業の下ごしらえ—より深めたい先生のために—　109

はそれほど意識しなくても 30 ～ 40 人という集団を組織立てて学習活動を進めていることであろう。これまで体育の学習指導論においては，そうした集団に対する組織づくりは学習形態という問題として，取り上げられてきた。ここでは，現在，体育の学習においてもっとも用いられている「グループ学習」について考えていくが，その特徴を明確にするために，まずはその他の一般的な学習形態として「一斉学習」「班別学習」についてふれていく。どの学習形態にもメリット・デメリットがあり，指導の目的や内容に応じる形で使い分けられることが望ましい。

　一斉学習は，学習者が同じ内容について一斉に指導を受ける形態である。良い点としては，教師の計画に従って能率的に指導を進めることができることである。子どもたちの多くに共通する技能的な課題などに焦点を当てるならば，有効に働くことも多い。しかし，集団全体の活動や学習内容については管理しやすいが，一人一人に適した関心や問題に深く入り込めないことや，学習を通して子ども間に生じる個人差に対応できない，といった課題も生じやすい。また，教師主導型と呼ばれることもあるように，学習者はどうしても教師の指示に従って学習に参加していくことが多くなり，学習者が受動的な参加になりがちなので，主体的な運動・スポーツへの取り組みをめざすうえでは，この形態を基本としていては難しくなる。

　続いて，班別学習は集団をいくつかの班に分け，教師は学習状況によって班別に指導する形態である。班の分け方は様々あるが，習熟度別，性別，また生活班を体育授業において用いることもある。この学習形態は一斉指導に比べ，子どもたち自身が活動を進めていく場面も多く，主体的な学習につながりやすいともいわれている。また，班の編成も教師の様々な目的に応じて対応できることも良い点である。しかし，この形態も教師が無自覚に多用することは多くの問題点を抱えている。例えば，習熟度別などの班編成は，子どもたちが個々の課題に取り組むための良い方法ではあるが，そうした活動が体育授業のほとんどを占めていたとすれば，班同士の交流は少なくなりさらには「できる子はできる子と」「できない子はできない子と」というように，能力による優越感や劣等感を助長させるような方法にもなりうる。また，生活班などによる編成を多用することも学級で児童の様子や仲間との関わりを頻繁に見ている教師からすると，少しでも教室での人間関係に体育の活動を生かせたら，と考えることだろうが，学習内容がどうしても「態度」に関わる面に偏りがちになり，もっとも学習の核となる運動特有の面白さにふれ深めていくことを阻害する危険性もあるため注意が必要である。

2 「グループ学習」の特徴とその指導

　では，グループ学習という形態についてその特徴を考えてみたい。先にふれた班別学習

との区別としては，そのグルーピングの方法に違いがあるといえる。班別学習は，課題や学習状況が似ている仲間との編成により，いわば学習の効率化をめざしており，他の班とは集団の質が異なっている。一方で，グループ学習は技能やそれまでの経験など違いがある子どもたちが同じグループとして活動できるように編成されている。つまり，班別学習は「グループ内同質グループ間異質」，グループ学習は「グループ内異質グループ間同質」というように区別できる。グループ学習のメリットとしては，学習活動の主体を学習者におきメンバー間が自主的・協力的に学習に取り組める関係を促しやすい点である。このような学習を実践化するために指導において欠かしてはいけないポイントは，子どもにとっての「めあて」の共有という点である。様々な仲間と同じグループとして活動するにあたり，「こんなことにチャレンジしてみよう」というグループの課題を共有することにより，協力的になる必然性が生じるとともに，主体的な課題解決に向けて取り組むことにつながっていくことを期待しているわけである。例えばボール運動で考えると，「いかにして失点を少なくできるか」というグループの共有課題をもつことにより，そのためには，「メンバーをどんなポジションに配置したらいいか」といったグループの作戦につながり，「相手にどんなプレイをさせないようにするか」というように大きな課題の解決に向けて，個別のめあてが共有されている構造になっている。「グループ内異質」のメンバーがそれぞれ個別の学習を進めているのでは，グループ学習の利点を活かしてはいないのである。このような「めあて」の共有は，子どもの主体性に任せているだけでは難しいところがあり，教師の指導性，力量が大きく関わっている。具体的には，どのような場の設定やルールにするのか，課題解決に向けてどのような学習資料を準備するのか，といった間接的な指導と，「このグループが抱えている課題は？」「どんなことへのチャレンジが面白い！と感じている？」といった子どもたち自身のめあてに関わる課題や状況を読み解くための子どもたちへの「共感」に基づく直接的な指導が必要となる。

3 生涯スポーツとグループ学習

　では，上にあげた３つの学習形態がどれも指導法の一つとして並列するのかというと，現在の体育の目標との関連で考えるとそうではない。なぜなら，こうした形態は体育授業研究の積み重ねによる歴史的な変遷をもって，いわば進化してきたともいえるからである。体育科の目標である「生涯スポーツの基礎的な資質能力の育成」に向けて，学習を進めていくことを考えると，グループ学習という形態は，学校期を終えて社会に出て行く前に，必ず経験しておく必要性があるといえる。「自立したスポーツ実践者」の集団による取り組みは，グループ学習という形態がもっとも近い，いや正確にいえば，生涯スポーツとしての実践の仕方をモデル化したものが，グループ学習という形態として導入されてきたと

いうことである。そのような観点から実践されているのがグループ学習という形態であるので，学習内容についても「運動・スポーツとの関わり方」「スポーツ実践の学び方」といった点が加えられている。学習者が自主的に，自分たちのスポーツの場を準備すること，必要なウォーミングアップをすること，その時間の「めあて」を意識してその達成に向けて活動内容を考えること，「できたこと／できなかったこと」を振り返り，次時の「めあて」設定をする，というように運動・スポーツに関わるうえでの一連のプロセスを，教師の指示によってではなく，自らで進めていくスタンスを形成していくことが望ましい。「自立したスポーツ実践者」の形成は，長期的な指導が必要であり，その発達段階に応じて，子どもたちに任せっきりにするのではなく，直接的な指導によってその必要性や方法を学んでいけるように支援していくことが大切である。そのためには，先にふれた他の学習形態も学習内容に応じて，バランスよく取り入れていくことも求められる。発達段階によっては子どもに任せっきりにするのは，安全面についても不安があるし，なにより学習の発展を阻害する危険性をもっていることもグループ学習としてこれまで実践されてきた積み重ねから指摘されてきたことである。子どもたちが設定する「めあて」の適切さや，「めあて」達成に向けての具体的な練習内容の紹介などは，その運動特有の面白さにふれ深めていくうえで根幹となるところであり，ここを教師が子どもに委ねすぎるのは，「放任」や「這い回る」といった言葉で批判の対象となってきたことも忘れてはならない。

　ここまで考えてきたように学習形態について教師が工夫することは，「どんな学習集団を形成してほしいか」，言い換えると「スポーツを実践するどんな仲間関係を築いてほしいか」ということにつながっている。重要なことは，授業運営のための効率的な方法という教師の目線だけではなく，子どもたちが「どんなことを学ぶのか＝運動・スポーツのどんな面白さにふれ深めていくのか」という学習者の立場から学習集団の形成を促していくことである。仲間とともに運動・スポーツを実践し，仲間とともにその面白さにふれ深めていく，といった「面白さの共有」ができる仲間関係の形成が重要となるだろう。

7 評価と評定

1 評価活動のモチベーション

　体育の授業研究を積極的にされている先生方ほど，評価のことが気になるのではないだろうか。なぜなら，その授業で伝えたい内容を明確にするプロセスの中で，子どもたちが

どのように変化するのかを知りたくなったり，授業研究として発表する際に，指導案に評価の観点を書かなければいけなかったりする（協議会ででよく質問される）からである。しかし，ここで一度立ち止まって「評価とはだれのためにするものなのか？」について考えてみたい。なぜなら，授業研究をすればするほどなぜ評価をするのかが抜け落ちてしまい，評価すること自体が目的化してしまうことがよくあるからである。それでは，せっかく労力をかけて評価活動をしても十分に活かされない。

　そもそも，授業の中で行われる評価というのは，教育評価と呼ばれる活動になる。この教育評価は，子どものよりよい学びを促すために，教師の授業改善と子どもの学びを第三者に示すために行うことが主たる目的である。後に詳しく記述するが，子どもたちの成績などを決定する評定とは，“教師が授業改善をするために行う”という点で目的が異なることを押さえておきたい。さて，このように評価を捉えると，教育評価は教師自身が「子どもの深い学び」を促していくために行うということがポイントになりそうである。つまり，評価活動をするということは，授業が改善され，子どもたちのよりよい学びにつながっていく仕組みになっていなければならないということである。子どもたちの状態やどれぐらいできているのかという評価をするよりも前に，よりよい授業を目指し，授業改善を常にし続けるという意識が重要となるのである。また，授業は教師だけでは改善できないため，評価活動を通して子どもたちと協働しながらよい学びをつくっていく活動そのものであると捉えることが大切になるのである。

　もし，評価によって苦手な子が動けていなかったり，意欲のない子どもを発見できたりしたならば，一緒にどのように改善していけばよいのかについて考えていくことによって評価活動が活きるのである。その子を判定することが第一目的ではない。以上のことから，まず日々の授業の中で評価するときに，「だれのための評価か」に自覚的になるということが大切であり，評価活動を通して，教師自らがよりよい授業を目指すというモチベーションになることが一番重要なことだといえそうである。

2　学習目標と評価

　評価がそもそも教師自身の授業改善のためになされているということがわかると，必然的に学習目標と評価は連動していくはずである。この単元・時間で，子どもたちにどのようなことを学ばせたいのかが教師にとって明確になるということは，同時に授業改善するためにどんなことをチェックしていけばよいのかが決まることになるからである。しかし，これまでの楽しい体育の授業づくりでは，教師にとってなかなかこの評価活動が難しかった面がある。なぜなら，例えばボール運動領域の学習目標が，「チーム対チームで攻防しながらゲームを楽しむ」というように，楽しむことが目標になっていた授業がたくさ

Ⅳ　体育授業の下ごしらえ—より深めたい先生のために—　113

んあったからである。「楽しむ」というのは個々人のレベルで様々な「楽しみ方」が存在してしまうがために，チェックをしようにも「今日の授業は楽しかったです」となってしまう。一方で，技能を評価しようとしても「○○ができる」といった形で，その子が本来もっていた能力を評価することになってしまい，なかなか授業改善につながらないことも多かった（もちろん診断的評価としては機能するが）。つまり，評価活動が困難であったのは，学習目標にあいまいな側面があったからだともいえる。

ところが，本書ではこの学習目標が従来よりもプレーヤーの視点でわかりやすくなっている。その運動種目特有の挑戦する課題を明確にしたことによって，ゲーム中にプレーヤー同士が何をめぐって攻防を行っているかがはっきりし，教師も子どもも「めあて」がたてやすいという特徴がある。だから授業の中で子どもたちと一緒に学びを考えていくときに，評価の視点もはっきりとする。例えば，バレーボールの授業であれば「落とさない」「組み立てる」「落とす」という局面に応じて子どもたちがどれだけ学び，工夫し，変化しているのかを捉えることが評価の視点となる。このように，子どもが行おうとしていることから学習目標がはっきりし，評価すべき内容が決まるのである。ただし，どのように評価すればよいのかについては工夫が必要になる。

3 評価をめぐる数字と文章

評価すべき視点が決まった際に，どのように評価すればよいのかが課題になる。これまで，多くの評価は数字を用いるものと，文章で表現させるものであった。これらについて少し整理をしてみたい（方法論の整理は西岡（2009）を参照。下図）。

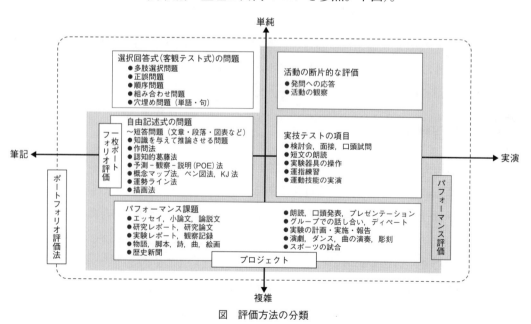

図　評価方法の分類

まず，数字を用いる評価である。体育に特徴的なのは，例えば技能を評価する際に用いられる「50m走が○○秒」や「二重跳びが○○回できた」という種類のものである。これらは，客観的にだれが見ても説得力があるためによく用いられる。ただし，注意しなければならない点は，教育評価は教師の授業改善のために行うのであるから，変化を捉えなければならないし，その変化の背景には子どもの学びや教師の指導が存在しているというスタンスから数字を読み解くことにある。また，「アンケート」や「形成的授業評価」などでも数字が用いられる。ただし，この際の数字は，個人が回答した単独のものでは十分に力を発揮しない。これらは，クラス全体の平均値や変化を出してこそ比較することが可能になり，授業の改善に役立つデータとなるのである。だからこそ，単元が終わってから整理してもあまり意味がないため，常にデータ化して傾向を読み解く作業が不可欠なのである。

　次に，文章を用いる評価である。よく使われるのは，授業後に「気づき」や「感想」を書かせる学習カードである。これらは，子どもたちがどのように考え，何を感じたのかを理解するために有効である。なぜなら体育の授業の中で，運動している際に何を考えているのかは，一般的には言葉を交わさなければ理解することが困難だからである。ところが，言語能力などに左右されることや，書かせる内容が漠然としているために「楽しかった」としか記述されず，あまり授業改善に役立たないものになってしまう危険性もある。その時間に行った課題との関係を明確にし，何を書かせるのかを明らかにしておくと同時に，子どもと一緒にどのようなことを書けばよいかを共有しておかなければならないのである。繰り返しになるがそのために局面や挑戦すべき課題はわかりやすい手がかりになっているのである。また，グループ内で学びを共有し理解を深めるためにグループカードなどもよく用いられる。しかし，グループ内の一部の子だけが理解し書いている状態にならないよう，常に注意を向けておく必要があろう。

　以上のように，数字や文章などを用いて評価をする際に，それぞれメリット・デメリットや気をつけなければならない点がある。また，授業改善には単独で効果のある評価や，複合的に用いて効果のある評価など，その単元で扱う学習目標や実態に応じて柔軟に用いることが求められる。いずれにしても，授業改善のために必要だと思われることを教師自身が取捨選択し，目的に応じて変化させながら用いることが，よりよい授業への近道なのである。

4 評価と子どもの力量形成

　上記のように，教師は授業改善のために評価を行うのであるが，子どもが評価活動に参加するということに，どのような意味があるのだろうか。子どもが評価活動に参加すると

いうことは，結果的に子どもの学びを促すことにつながることがある。それは，評価活動に参加することによって，自らの自己評価能力を育成することにつながり，自分自身の変化にも気づくことができるようになっていくからである。例えば，ポートフォリオ評価のように以前から残している学習カードや記録などから，自らの学びをあらためて振り返ることによって，どのように変化が起こったのかがわかり，学びを意味づけられるようになる。ただし，このことは教師自身が子どもと一緒に授業をつくりあげるということを，子どもと相互了解した状態で評価の視点を共有しているときにしか起こらない。

ところが，実践場面ではこのような評価をすることによって結果的に，子どもたちには評定と密に関係してしまい，評価＝評定＝「出来ない私」として捉えられてしまうことがあるので気をつけたい。

5 評定の前提として大事にしたいこと

評定とは，学期末に通知表などに記載される成績のことを指し，子どもや保護者に対して通知されるものである。この評定には，様々な評価資料が用いられることとなっているが，様々な資料を総合的に判断して評定をつけることから，その判定の根拠がわかりにくくなるため，子どもや保護者が納得できる資料を準備しておく必要がある。また，授業改善のために使用した評価資料によって評定を出すということは，教師自らの指導を振り返ることにもなることを自覚しておかなければならない。つまり，評定があまり良くない子どもがいた際には，自らの指導が十分でなかったことを示すということである。単に「あの子は運動が苦手だから」「あの子は○○な特性を持っているから」とならないように気をつけたい。評価や評定は，常に自らの授業結果のもとにあることを意識しておきたいものである。

近年，このような評定を出す際に，その大前提として子どもや保護者と信頼関係を築いておくことが重要になってきている。時として，教師が示した評定が受け入れられず，保護者とトラブルになることもある。ここであらためて記述する必要はないかもしれないが，評定は教師―児童・生徒という権力関係の中で行われることを私たち教師は忘れてしまうことがある。評定をされる側はつねに受け身にならざるをえないことを意識し，評定をもとに子どもの能力をどの方向に伸ばしていけばよいのかを共有するという新たな教育的な意図のもとで行うようにしたい。そのためにも，ふだんから様々な人とコミュニケーションをとっておかなければならないのである。

6 評価・評定をめぐって自信をもつために

上記のように，だれのための評価・評定なのかを問い，その内容を考えようとすると，

すごく大変な活動のように思えて評価・評定を真面目にすることを避けたくなるかもしれない。しかし，挑戦すべき課題や問いを明確にし，子どもたちと何をめぐって学ぶのかがはっきりしていれば，これまで行っていた評価活動がもっと簡単に思えるはずである。また，初任者からベテランまで評価できる内容が同じではないように，評価する力は徐々に形成されていくものである。はじめは，わかりやすいものから取り組み，徐々に授業の中で求めるものが増えていった際に，より高度な評価活動を行っていけばよいのである。つまり，教師が評価する能力は，経験に応じて形成されていく内容であるということである。

　もし，評価をめぐる力量形成に興味のある先生は，ぜひデジタル・ティーチング・ポートフォリオを仲間と行っていただきたい（原，2012）。方法はシンプルで，毎時間教えたい内容を明確にし，子どもたちの実際の姿を写真や動画として残していく。そして，同僚とデジカメを見ながらそこで何が起こったのかを話し合うというものである。もちろん，このような写真を使って保護者面談などで子どもたちの学びを伝えることもできる。写真は子どもたちが何をしようとしているかがわかっていないと撮れない。ポイントは，挑戦している課題をめぐって子どもたちが次に何をするのかを予測することである。このように学習内容と時々刻々と変化する活動を予測しながら評価することができるようになれば，自然と様々な評価ができるようになる。

　ぜひ，本書を手がかりによりよい授業づくりをする際に，評価・評定をうまく使いながら実践していただきたい。そうした先に，子どもたちの笑顔が広がるはずである。

〈引用・参考文献〉
西岡加奈恵・田中耕治（2009）『「活用する力」を育てる授業と評価』学事出版
原祐一（2012）「デジタルカメラを活用した評価『ティーチング・ポートフォリオ』」『体育科教育』第 60 巻第 5 号，大修館書店，pp.22-25

8 幼児期と学齢期のつながり
——保幼小連携の視点から

　文部科学省では平成 19 年度から 3 年間にわたる実践研究を踏まえ，わが国で初めて幼児期における運動の在り方についての指針「幼児期運動の指針」を打ち出した。それほど，子どもの体力低下は低年齢から改善すべき喫緊の課題となっている。

　我々指導者は，この幼児期の運動（遊び）の指導を，どのように実践すべきであろうか。ここでは，「走る」という基本的な動作を例に挙げながら，幼児期の運動（遊び）の在り方について考察していく。

1 幼児における「走ること」

　まず，これまで幼児期の走る行為がどうとらえられてきたのかについて概観してみてみたい。たとえば，幼児期の走る行為について香曽我部ら (2013) が「『運動的』，『イメージ的』，『手段的』，『反応的』の4つの要因が存在すること，5歳児では『運動的』と『イメージ的』が多く，4歳児では『反応的』が多く，3歳児では『手段的』が多いこと」を指摘している。また，高木ら (2013) が「靴のサイズの変化は幼児の走動作にも影響を与える」ことを推察していたり，宮丸 (2002) が「走運動の出現に関して最も早いケースで生後17か月から出現し，2歳を過ぎる頃には最小限度の水準を満たし得る（転ばずに，まっすぐ走る程度）走運動が定着する」と歩行から走運動への動作パターンの変容を報告している。
一方で，鬼あそびについて梁川 (2007) は「『走る』『追いかける』『逃げる』『隠れる』『探す』といった動作は，生活の中では特別なものではなく，誰もが自然に行っているものからの発展と思われる。そして，鬼につかまらないようにするという目的の中で，子ども達は新たな移動運動の形態を取得していく」と述べている。これまでも，乳幼児期の歩行から走運動の出現に関する研究や，実際に子どもたちが活動する中で獲得される動作について焦点をあてた研究は蓄積されてきたが，幼児期の走運動の指導の場面において配慮すべき内容について考えるような研究はあまり多くなされてはこなかった。

2 幼児期における運動遊びの指導形態について

　「指導」とは大辞林 (2006) によれば「ある意図された方向に教え導くこと」と定義される。表出する動作はたとえ同じだったとしても，どのような意図で指導者が子どもを教え導くか，どのような指導形態をとるかによって，子どもが感じるであろう面白さは異なってくると考える。

　幼児期における運動指導の場面としては，遊びを中心とした自由保育の中での指導や運動会の練習など，同年齢の子どもが保育者の決めた活動を一緒にする場面，外部の運動指導の専門家による一斉指導の場面などが想定できる。その中で，運動遊びの指導について，杉原 (2014) は「運動を自己決定的に行わせるということが，運動指導の基本指針」と述べている。

　しかしながら，幼稚園や保育所での実際の現場において，時間の制約を設けずに活動内容を展開することは難しい。ほとんど一日中行う活動を子どもが自己決定する遊びは成立することが難しいと考えられる。

　そこで本稿では，「活動の内容を保育者が決める」か「子どもが決める」かを横軸に，「運動の仕方やルールを，子どもが決める」か，「保育者が決める」かを縦軸に置くことで，

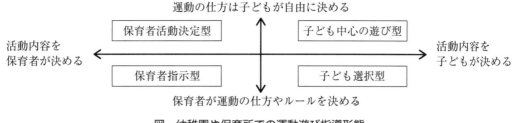

図　幼稚園や保育所での運動遊び指導形態

上の図のように幼稚園や保育所での運動遊びの指導形態を大きく以下の4パターンに分類した。

　こう考えてみると，「活動内容を子どもが決める」「活動内容を保育者が決める」ことの間に隔たりがあることがわかる。このような整理に基づけば，保育者が鬼あそびをするのか，かけっこをするのか，活動内容を決めて展開するよりも，子どもが自己決定的に，上図の右上の象限，つまり「子ども中心の遊び型」で，できるだけ子どもが自らの遊びを自己決定的に活動するような，指導形態へ導く方が遊びの要素が大きくなることにも気づく。

　ただし，子どもたちに何も指示を与えなくとも遊びの内容が発展していくとは，（特に運動遊び指導の経験の浅い保育者であれば）考えがたく，左下の象限の「保育者指示型」で活動の内容を保育者が示し，運動の仕方やルールを説明することを中心に，主活動として展開することも多くあるだろうと思われる。「保育者指示型」でのみ運動遊びの指導や展開を考えるのではなく，保育者が積極的に身体を動かせば，動き方の指示は与えずとも，動きの模倣であったり，環境構成さえ事前に整えられてさえいれば，繰り返し安全に子どもは遊ぶことができるものである。

　もし，これまで「保育者指示型」が定着しているのであれば，まずは保育者が活動内容をひとつ決め，上の図の左上の象限「保育者活動決定型」で運動の仕方は子どもに委ねることから始めてみるとよいのではないだろうか。例えば，活動内容は鬼ごっこをして遊ぶなど，保育者が決めるが，鬼の決め方や鬼の交代の仕方，どこで遊ぶか，特別なルールを付け加えるか否かなどは子どもたちに委ねること，などが考えられる。遊びの景色からすれば，子どもが自ら身体の動かし方や遊び方を工夫している間，指導をしてないようにも見える指導形態ではあるが，子どもが困った表情を浮かべたときに寄り添ってあげる，わざと多くを教え過ぎず，意図を持って待つことも大事な指導内容である。

　運動の仕方を決めず，わざと多く教えすぎずに待つことは，「保育者指示型」が定着している幼稚園や保育所では違和感があるかもしれない。しかしながら，「保育者活動決定型」での指導を通して，子どもの中に活動のバリエーションが増えればその不安も一蹴されるであろう。こうなってくればしめたもので，いつまでも，「保育者活動決定型」にとどまることはない。次のステップとして図の右上の象限の「子ども中心の遊び型」へ推移

し，遊び要素を拡大することが望まれる。

　ではなぜ，「子ども中心の遊び型」は望ましいと言えるのであろうか。子どもの成長とともに「子ども中心の遊び型」へ指導形態を変容していくことを考えたとき，これまで幼児教育学の中ではあまり論じられてこなかった，矢野 (2014) の「体験－生成」の理論を手掛かりに今一度，遊びの要素が大切にされる意義について考えてみたい。

3　発達の論理を超えた溶解体験

　矢野 (2014) は，「教育学者は，運動を捉えるときにはいつも，運動によってもたらされる身体文化の習得や，運動能力あるいは体力の向上に，関心をもってきた。その理由は，教育が『発達の論理』によって指導されてきたことによる。発達は，社会において有用と見なされている能力や機能の向上と見なされ，発達をもたらすことが教育の働きの中心を占めると考えられてきた」。しかしながら，「運動の中に，原理的に言葉によっていい表すことのできない次元がある」ことを指摘し，「この語りえぬ運動の次元に，『発達の論理』には回収することのできない，教育における大切な意義が隠されている」ことを論じている。矢野 (2014) は，「私たちが『よい経験をした』というときには，それまで自己のうちになかったものが，自己のなかに取りこまれたことを意味する。こうして経験によって，人は以前の自己より高次の自己へと発達していく」ことを強調しており，幼児期になぜ遊びが大切だといわれるかの意義もここにあるよう思われる。自己のうちになかった多くの体験を，遊びを通して経験できるからであろう。矢野はこの語りえぬ運動の次元のことを溶解体験と呼び「優れた運動体験は，知性によって分節化・明確化して自己へと取り入れることのできない，溶解体験というしか表現ができない生成の出来事と関係している。この溶解体験は，有用性の原理と結びつく『発達の論理』を越えた生を実現する，生成の体験なのである」とし，「この溶解体験における超越の体験こそ，『自己の尊厳』を生みだすものなので」あると述べている。このことは，幼児期に幼稚園教育要領や保育所保育指針の中でも大切にされている自己肯定感を育む指導内容ともつながっている。

　走運動（かけっこや鬼遊び）の指導場面においても「自己のうちになかったものを取りこむ機会，今まで経験しえなかったことを体験するきっかけを，どの子どもにも保障すること」が，保育者がなすべき指導内容であると考えることはできないか。

4　走運動の指導の場面における保育者の役割

　鬼遊びにおける保育者の指導について片山 (2013) は「①活動場所の広さ，②逃げる人数，③鬼の数」を保育者の指導ポイントとしてあげ，安全性に配慮するとともに，簡単に逃げ切れるような広すぎる空間だと物足りないし，すぐに捕まってしまう狭い空間に設定して

もつまらないため，活動の場所に合わせて鬼の数や保育者が鬼役になることで調整することをあげ，鬼遊びを繰り返すことで獲得できる効果的な特性について，「人間社会はルールを守ることで成り立つことを自然と学ぶこと」(片山，2013) を指摘したりしている。この鬼遊びにおいても，「自己のうちになかったものを取りこむ機会，今まで経験しえなかったことを体験させるきっかけを保障すること」が，保育者が最も配慮すべき指導内容として考えてみよう。鬼遊びの展開においても保育者が子どもの活動内容やルールを決めるのではなく，幼児期の子どもにとって，矢野 (2014) がいう「『おお！』とか『ああ！』とか『ワーッ！』としか言い表らせない出来事」を体験させる機会となるような「仕掛け」や「工夫」を保育室や運動場（園庭）の環境構成に盛り込むことはできないだろうか。

5　A短期大学附属幼稚園の園庭環境

　ここでは，A短期大学附属幼稚園の実践例を踏まえて，特に走運動を充実させるための仕掛けづくりという観点からかかる課題について考えてみたい。

　まず，A短期大学附属幼稚園を訪れると驚かされるのは園舎の4，5倍はあろうかという園庭の敷地面積の広さである。

　加えて，園庭に足を運ぶと真っ先に目に入るのが地上から3m程の高さに設けられた築山（写真1）である。山砂を持ってきて固めてあるので，途中にくぼみがあったりするため，年中さんや年長さんでも容易にかけ上がることができる。なおかつ，園舎に向かって反対側は板を敷いた斜面になっており，腰を落としてしゃがむことですべり降りることもできる。古くから園庭の代表的な固定遊具のひとつである金属製のすべり台では，遊び方や登り方が限定されてしまう。他方，どこから登ってもどこからかけ下りてもよい築山は，登ってすべるだけではなく，鬼遊びをしたり，腰掛けたり，身を隠す隠れ家としてや遊びの基地として使うこともできる。園を離れた家庭生活の中だけでは中々体験できない身体の動かし方を自然と経験できる空間を形成している。

（写真1・築山）

（写真2・ストライダー）

また，築山の周囲には，石灰で幅2ｍ程の大きなトラックが引かれており，そこで子どもたちは足で地面を蹴って進むストライダー（写真2：ペダルのない2輪車）を使って遊んでいる。

　ストライダーは，ペダルやチェーン，ケーブル類が一切ついていないため，周回するトラックを保育者が描いてやり，進む方向さえ一方向に示してあげれば，園庭でも安心して遊ばせることができる。加えて，ストライダーは乗り方のコツなどを指導しなくてもストライダーそのものに内在されている特性から，地面を蹴って進む遊具であることを子どもが自ら判断できる。また，ストライダーの地面を蹴る動きは歩行から走る行為の延長線上にあることもこの遊具の面白いところであり，走運動の指導場面でも直接的ではないが間接的に有効な遊具であると考えられる。

　他にも，園内の大きな2つの木の間には，太めの白いロープが地上から約30cm〜50cmに1本と子どもの胸の高さに合わせて1本縛りつけられてある。子どもたちは，胸の高さのロープを命綱にして地上から30cmのロープをサーカスの綱渡りに見立てて遊んでいる。この見立て遊びの中で，足の裏でしっかり綱を踏みしめる力，ロープを握りしめる力，何よりも上手に左右の身体のバランスを足と手の力の入れ具合を調整しなればロープの上にとどまってはいられない。それゆえ，決して子どもを長時間同じコースを走らせたり，競争して勝ち負けを決めたり，一生懸命に表面的な動きをマスターできるように練習をしたりしなくても，遊びの中で身体のバランス感覚が自然と身についているのである。このように，指示型に頼ろうとしなくても園庭の中に日常生活では体験することのできない様々な「仕掛け」づくりをほどこしてあげることで，「子ども中心の遊び型」の中で，走る行為に結びつく多様な動きの獲得をなすことができる。

6　幼児期と学齢期のつながり

　幼児期における運動遊びの指導内容としては，特に外部の運動指導の専門家にお願いしたりすると，「大人のやっている運動を小型化して易しくして教えること」（杉原，2008）も少なくない。例えば，走運動の指導場面では笛を吹いてかけっこのスタートの仕方を指導したり，走るフォームを指導したり，何度も何度も同じ直線のコースを走らせるような指導をする。反復すること，それによって体力をつけたり，運動能力を高めたりすることを目的とする指導も散見される。本稿では，幼児期の走運動場面においては，幼児期の子どもが「おお！」とか「ああ！」とか「ワーッ！」としか言い表らせない出来事を体験させる機会をつくってあげることをねらいとすべきであるとした。例えばそれは，緩急をつけて，築山を上り下りするだけかもしれないし，木々が生い茂る中ロープの上を歩くこと，ときには芝生の上で裸足になって子ども自身が仲間を見つけ鬼遊びに興じることに他なら

ない。既存の活動に満足しえない子どもの気持ちを察知したら，即興的に身近な道具を工夫して運動遊びに取り入れることも大切である。幼児期における指導内容とはあくまで，今の子どもにとって経験したことのない遊びの内容であり，季節や発達段階に合わせて，そのつどそのつど変化していく内容であることの方が望ましいといえるであろう。

「子ども中心の遊び型」を実践し続けるには，多様な環境構成を工夫し，保育者は多くの遊び方を知り，生活の中，物的環境を最大限に使って日々発展させる必要がある。さらに，他の子どもと一緒に走ることや，地域の人を巻き込んで一緒に走ってみる，音楽に合わせて走ってみるなど，子どもの現在の様子を観察し，新たなことに取り組む姿勢も大切になってくる。人的環境や物的環境を様々に構成する中で，仲間と競い合ったり，追いかける，追いかけられることを自然と体験する中で，敏捷性が鍛えられたり，走運動の能力が高まったりする。こうして運動能力全般が高まり，保護者や保育者など重要な他者から認められる機会も増えれば，必然的に子どもの自己肯定感は増すだろう。一斉にこれをやりなさいと指示され，やらされる指導よりも，環境設定こそするが，その遊びをするかしないかは子どもに委ね，子ども自身にその内容を発展させる。見守りや待ちの部分が多い子ども中心でなおかつ，遊び要素の多い指導のあり方が幼児期の運動指導としても望ましいと考えられる。

〈引用・参考文献〉
日本学術会議 健康・生活科学委員会 健康・スポーツ科学分科会（2011）提言：「子どもを元気にする運動・スポーツの適正実施のための基本指針」，日本学術会議ホームページ＞提言・報告等＞2011-08-16，http://www.scj.go.jp/ja/info/kohyo/pdf/kohyo-21-t130-5-1.pdf　最終閲覧日（2015年1月20日）
國土将平（2003）「発達段階と子どもの遊び」，子どもと発育発達，Vol.1 No.3，日本発育発達学会，pp142-147
香曽我部琢ら（2013）「遊びにおける幼児の"走る"行為の発達的検討とその意味：相互行為としての"走る"行為と意味世界の生成」，上越教育大学紀要，43，pp103-110
高木雄基ら（2013）「靴のサイズの違いが幼児の走るに及ぼす影響」岐阜大学教育学部研究報告．自然科学 37，pp101-106
宮丸凱史・加藤謙一（2002）「走運動の始まり 歩行から走運動への動作パターンの変容」，バイオメカニズム学会誌 26（1），バイオメカニズム学会，pp22-26
梁川悦美，渡邉敏子（2007）「本学保育・児童学科における体育関連科目の果たす役割（2）−鬼遊びに着目して−」，東京家政大学研究紀要 47，pp97-103
松村明編（2006）「大辞林第三版」，三省堂
杉原隆・川邉貴子（2014）「幼児期における運動発達と運動遊びの指導」，ミネルヴァ書房，pp36-37
矢野智司（2014）「幼児理解の現象学　メディアが開く子どもの生命世界」，萌文書林，pp66-80
片山憲章編（2013）「現場発！　0〜5歳児　遊びっくり箱」，ひかりのくに，pp133-161
杉原隆（2008）「運動発達を阻害する運動指導」，幼児の教育，pp16-22
原子純（2013）「幼児期の『運動遊び』概念の多様性：『サッカー遊び』論の諸見解から」，尚美学園大学総合政策論集 17，pp97-109
全国保育団体連絡会・保育研究所編（2014）「保育白書　2014年版」，ちいさいなかま社，p68

9 これからの体育の方向性

1 「これから」が指し示す範囲

これからの体育を考える際に，最も重要なことは，これからの社会をどのように描くかにかかっている。しかし，様々な技術革新によって変化のスピードが速い現代において，このことを正確に捉えることは困難である。では，今できることはどのようなことであろうか。

それは，これからの社会がどのようになっていってほしいのかという希望を議論するということにつきる。日本の場合，スポーツは海外から輸入されてきた文化であるから，今後も私たちの手で未来図を描いていくことが求められていく。スポーツ文化が輸入される前までは，日本の中にはなかった文化であるにもかかわらず，わずか半世紀で私たちの生活においてスポーツにふれない日はないほどに広がった。では，私たちがこれからの体育を考える際に，どれくらいのスパンで，何を描くのかがポイントとなろう。それは5年なのか，10年なのか，はたまた50年先なのか。そのスパン次第で語る内容が異なるため，本節では近未来として10年までの範囲で考えてみたい。ただ，もしかすると10年先も変わっていないかもしれないし，もっと変わっているかもしれない。それは歴史にゆだねるしかない。

2 体育をめぐって変わらないもの

いくら10年先が読めない社会だとしても，体育に関しては，おそらく変化していないこともあろう。まずはこのことを確認しておきたい。

昭和52年改訂の学習指導要領から「生涯スポーツ」という概念が広がるようになった。その背景には，脱工業化や生涯学習社会というのが日本社会に広がってきたことがあげられる。その後，ずっと「生涯スポーツ」という理念は揺らぎなく学習指導要領の中に位置づいている。いくら社会が変化し人口が減少していく日本においても，すぐにこの理念が変化するとは考えにくい。なぜなら，この点については人間とスポーツの関係を，生まれてから死ぬまでという非常に長いスパンで捉えたものだからである。近年世界的に着目されている ESD（Education for Sustainable Development）のような持続可能な社会の実現を目指した教育においても，「生涯スポーツ」という理念はマッチするであろう。

また，プレイ論で大切にされてきた，スポーツをプレイとして捉え，プレイする中で様々

な工夫をするからこそ子どもたちの学習が成立するという関係も，変化することはないであろう。時代が変わったからといって，私たちが行為をおこなう原理がそう変化するわけではない。このプレイの視点については，今後ますます強まって行くであろう。それは，子どもたちにとって，今まで以上に学ぶ意味そのものが見えにくくなっていくことが予想されるからである。だからこそ，おもしろいことをめぐっていかに工夫し解決していくのかという局面学習の視点はこれからの体育にもマッチしていると考えられるのである。

3 学校教育に求められる学びとは

　ところで，知識基盤社会であると捉えられた今，学校教育においては，どのような学びが求められているのだろうか。

　近年，学校教育に求められている学びは，「学び方を学ぶ」と指摘（田中，2010）されたりもするように，知識を詰め込むだけの時代ではなくなりつつある。だとすれば，体育授業で教えるべき内容は，教師が自らの経験の中で学んだ古い考え方をもとにした知識ではなく，どのようにすれば課題が解決できるかを教えるべきではないだろうか。具体的には，常に子どもたちがある課題をめぐって仮説検証をするような授業が求められているということであろう。

　また，サルマン・カーンが反転授業（flipped classroom）という考え方を示しているように，授業の場では活用の部分がメインになる可能性がある。この考え方は，説明型の授業については家でインターネットを見るという宿題にし，応用課題を学校で先生と子どもがインターラクティブな関係の中で授業をするというものである。近年，様々な大学が授業をインターネットで流しているのはこの考え方に影響を受けているからである。基本の部分をインターネットで流し子どもたちの宿題にすることによって，授業では様々な工夫を凝らして課題解決に向けた思考を集団でできるというメリットがある。有名な話では，マイケル・サンデルの白熱教室も同様である。もちろん，小学校にそのまま援用するのは難しい部分もあるが，近い将来にはこのような考え方がどんどん入ってくると思われる。その時には，体育授業で正しい答えを伝達するのではなく，どのような視点から課題に対してアプローチしていくのかということがメインの授業になってくるだろう。このような時代が来ても局面学習の考え方は生き残るはずである。なぜなら，局面をどのように解決するのかという課題に対して教師と子どもがインターラクティブに相互行為できるからである。

4 正しいことは本当に正しいか？

　少し，視点をスポーツ界に移してみたい。体育の授業においてアタリマエのように存在

IV　体育授業の下ごしらえ—より深めたい先生のために—　125

している，そして正しいとされている考え方は，これからも正しい知識として生き続けるのかについて少し考えてみたい。

　スポーツの世界では，正しいとされていることが常に更新され続けている。例えば，ウサイン・ボルトが100 mを9秒58という世界新記録で走っているが，この記録はスポーツ科学で予測されてきたことを覆してしまった。また，ボルトは脊椎側弯症であり，左右のストライド（歩幅）が大きく異なる。私たちは，これまで左右対称に走ったほうが速いということを，小学生にもストライド幅を同じにすることが正解であるかのように指導してきたことはないだろうか。このことをめぐっては，多くの子どもが速くなったのだから正しいのである，と反論される方もいるかもしれない。ところが，その考え方にあてはまらなかった子もいるわけである。背の高い子／低い子，筋力のある子／ない子など個々のパーソナリティによって異なるようなことも，正しいとして子どもたちに押しつけてきてはいなかっただろうか。このことが，知識基盤社会において問い直されているのである。結局のところ，スポーツ界で正しいとされている知識は，まさに知識基盤社会の中で常に変化し続けている。それでは，子どもたちに何を教えればよいのだろうか？　ボルトの走り方をすれば，速く走れるようになるのだろうか。そんなことをすれば子どもたちの身体は壊れてしまう。かといって何も指導しないわけにはいかない。これからの体育は，この学習内容をめぐって，様々な立場から議論がなされると思われる。このことに振り回されないためにも，教師自身が正しい答えを探すのではなく，子どもと一緒に課題解決していくことが当面は必要となるはずである。

5　学校の中にとどまらない授業

　さらに，これからの授業は，学校の中だけにとどまるかどうかがわからない。例えば小規模校などで，人数が少なく，ゲームも十分にできない学校では，学校の中だけに閉じこもっていてもスポーツの楽しさを十分に伝えられないという問題に直面している。このような問題に対しては，総合型地域スポーツクラブとタイアップした授業づくりなどが求められていくだろう。

　また，スポーツの「する」「みる」「ささえる」「知る」といったすべての側面を学ぶことが必要であるとされた時には，学校という場の中だけでは教えられない学習内容が含まれる可能性がある。スタジアムに行ったり，ボランティアに行ったりしなければならなくなるはずである。このような新たな視点からの授業づくりは，総合的な学習と関連させながら求められるかもしれない。

6 語り続ける必要のあるこれからの体育

　これからの体育がどのようになるかといった正解はだれも持っていない。だからこそ，正解探しをしても無駄なのである。この本を手に取った先生は，何か新しい授業づくりをしたいと考えたから，手に取られたのだと思われる。考え方を共有したうえで，新しい授業づくりにチャレンジすることと，どのような授業が今の子どもたちにマッチしているのかを語り続けていこう。日々の実践を大切にしながら，みんなで未来の体育授業をつくっていくしかないのである。

〈参考文献〉
田中智志（2010）『学びを支える活動へ——存在論の深みから』東信堂
サルマン・カーン（2013）『世界はひとつの教室「学び×テクノロジー」が起こすイノベーション』三木俊哉訳，
　ダイヤモンド社

10 これからの教師に求められるもの

1 教師になるということ

　「教師になる」ということは，ただ教職に就くということでなしうるものではない。様々な体験を重ねながら，実際の教職活動の中で達成されていくものである。多くの教師は，大学などの養成期間を終えるとすぐにベテラン教師と同じような仕事をすることになる。職場での立場や役割は違うものの，授業や児童・生徒指導については，最初から先輩教師と同じ責任をもつことが求められる。そのため，教師は実際の職業経験を通じて自ら学んでいくことが必要である。教師にとってそれはきわめて重要な意味をもつ。若い教師は仕事内容や方向性についてのなんらかの指針やモデルを周囲に求めるようになり，教師としてのモデルを同僚や研究仲間から見つけだしていく。それは，社会から求められる教師像を獲得していく過程であり，「教師らしさ」を身につけていくスタートラインだと言い換えることができる。一方で教師の力量形成を支えるシステムとして，校内研修や現職研修が存在している。

　つまり教師の成長は，社会から期待される役割を身につけるだけでなく，研修によって教授技術や専門知識を獲得していくことや，葛藤を伴う自己形成的な要素が含まれているといえる。本節では，多岐にわたる教師の成長を促す要素の中から，「自己形成や自己の

Ⅳ　体育授業の下ごしらえ—より深めたい先生のために—　**127**

変容」に焦点を絞り，体育科の授業研究におけるその実現過程や実態を，体育を研究する教師のエピソードから捉えていくことで，これからの教師に求められる姿について考えていく。

2 教師のライフヒストリーをたどる

N教諭は14年目を迎える小学校の女性の教師である。初任期から中心研究教科として体育科を選び，教育委員会等が主催する体育研究会で授業研究をスタートさせた。研究会に参加するようになったきっかけは，体育を研究する同僚の先輩教師から誘われたことからであった。

教職2年目，N教諭は初めて授業公開を行うことになった。このときの授業についN教諭は「自分が授業をつくったというよりも，先輩に教えてもらいながら私が授業者として行っただけだった」と振り返っている。公開授業を迎えるまでは，先輩教師から様々なアドバイスをもらいながら「なんとか授業を行った」ととらえている。その後，異動を経て再び公開授業の授業者に立候補する。6年目を迎えていたN教諭は，そこで出会った先輩教師から「あなたは授業で一体何をやりたいの？」と問われる。「『授業をこうしたい』という強い思いがないまま他の教員任せにしていては，絶対にいい授業はつくれない」と言われる。そこでN教諭は，「子どもたち同士が関わり合いの中で教え合ったりアドバイスし合ったりしながら技能を高めていく授業をしたい。加えて教師である私もしっかり指導をする授業をしたい」という明確な主張をもつ。そして，何度も指導案検討会に出かけて行くことになる。そこでは厳しい検討が行われる。こうしてN教諭は本気で授業づくりに取り組んでいくことになった。

いよいよ迎えた公開授業の日のことを次のように振り返っている。

「研究協議会では『子どもが上手になっていく姿が見えた』って他の先生から言ってもらえたのです。先輩の先生からも，『それでいいからね』と言ってもらい，『自分で授業をやったんだ』という気持ちになったのを覚えています」

授業研究の場において教師は多くの他者と出会う。初任期には親和的な他者から手取り足取り育ててもらうが，ある時から他者とぶつかり，ときには厳しい声にさらされながら教師は授業者として一人立ちし，成長していく姿が見てとれる。

3 N教諭の変容

12年目を迎えたN教諭は，体育科を校内研究のテーマにしている学校に異動し，研究推進委員長（校内研究をリードする校務分掌）を任されることになる。N教諭はいままで学んできた体育の指導方法や教科内容，カリキュラムづくりの考え方を校内に広めること

が自身の仕事であると考え，校内研究を推進していく。つまり，「体育の授業や研究はこうあるべき」という形式を校内に広めていこうとしていたのだ。しかし，研究推進委員長として3年目に大きな変化を自覚することになる。N教諭は次のように語る。

「体育の指導案の書きぶりがどうかとか，子どもの運動技能がどう変容したかということももちろん大事ですが，もっと大切なことが校内研究にはあると思い始めたのです。うちの学校の子どもたちが，毎日どのように生活しているのか，子どもたちの生活がどのように変わっていくのか，もっというと学校の実態がどうで，課題だったことがどのように変わっていくのか，ということに自分の関心が移っていったように思うのです」

N教諭はさらに続ける。

「それまでは，体育を研究することで自分の指導力を向上させたかったし，自分がどう変わるかが大事だったけど，研究推進委員長をやらせてもらったことで，子ども，同僚，学校がどう変わるのかに視点が移っていったのだと思うのです」

視点が変化した要因を聞いてみたところ，「校内研究で学校をよりよくしていこうと主張する校長先生の影響だと思う」とのことだった。体育科が専門教科ではないこの校長は，体育科を視点にしながら担任教諭，専科教諭，管理職，職員全員で学校全体の子どもたちの姿を見つめ，語ることをつねに大切にしていたのだという。10年間以上体育の研究に関わり，指導技術や体育科の専門知識を十分に身につけていたであろうN教諭は，それを校内の他の教員に広めていく立場としての自負があった。しかし，「校内研究は，せっかく同僚の教師たちと毎日関わる子どもを対象に研究できるのだから，区や市の体育研究会と同じような研究視点でやっていてはもったいないという意識に変わっていった」というのである。

この語りは，N教諭の教師としての授業観，子ども観，教師観，さらにいうと教育観の変化として解釈することができる。体育の指導技術や授業のつくり方という関心から，学校全体のことや子どもの成長に関心対象が拡大していった。このような教師としての視野の広がりは，授業研究を通した教師の成長と捉えることもできるのではない。

4 体育科授業研究で成長すること

研修の中で，授業を対象にする「授業研究」は，教師の専門的力量形成との関連で重要視されてきた。例えば，佐藤（1996）は，教師の専門性の向上は，授業研究による反省的実践家を志向する営みによって実現されるものだとして，授業研究の場での他の教師との意見交換を伴うリフレクションの重要性を述べている。そして，反省的実践家を志向する授業研究では自身の見方や考え方の枠組みを問い直し，自身の経験を吟味する「省察」が重んじられている。さらに木原（2004）は，教師教育と授業研究を連結する視点としての

授業力量形成という課題を挙げ，授業力量形成のためには対話に基づく他者との共同を重視している。紹介してきたN教諭の授業研究における成長プロセスには，様々な他者の姿が登場し，まさに他者との相互作用の事実が語られている。体育科を研究対象として授業研究を行ってきたN教諭は，教師として身につけるべき指導技術や授業構成力といった実践的力量を身につけることから始まり，これにとどまることなく研究会で出会う他の教師によって影響を受けながら教育観の形成をなしえて自己改革をし続けているといえる。

　体育科を対象とする授業研究では，教科書がなく身体という不明確なものを対象としているため，教師それぞれがもつ信念やこだわりに対して互いに反論し，主張がぶつかり合うような他者との相互作用が起こりやすく，自己改革が促されやすい場であるのかもしれない，と筆者は考えている。「体育科」を研究してきたからこそ，N教諭は授業研究によって自己改革をしつづけているという解釈も成り立つのではないか。

5　学び続ける教師の姿

　「教師が成長するとはどうなることか？」という問いに対する解を言及することは，非常に難しい。しかし，確実にいえることは，教師の成長とは，研修を受け経験を重ねることで右肩上がりに実現されていくものでもなければ，「こうなればOK」といえる文脈で語られるものでもない，ということだ。むしろ，自身の実践を真摯に振り返り，常に自分を相対化したり授業公開や実践報告のような形で他者の前に自身をさらしたりしながら，学び続けていくという行為そのものが，「教師が成長すること」だといえるのではないだろうか。もちろん，ただ学び続ければそれでいいというわけではない。授業をよりよくしたいとか，子どもたちをこう育てたい，教師としてこうありたいという明確な目標をもち，それに向かって徹底して追究しつづけることにより，「成長」が実現するのである。だとすると，教師それぞれに成長のプロセスがあり，紹介したN教諭の姿も教師の成長モデルとして一般化できるものではないのである。よりよい授業や実践を求め，子どもと共に授業をつくり，他者とぶつかり合い学び合いながら，自己改革をし続けようとする姿そのものが成長する教師の姿であり，その姿も教師一人ひとり個性的であるべきなのだ。個性的で主体的に成長し続ける姿こそ，これからの時代に求められる教師像だと思う。

〈参考文献〉
稲垣忠彦・佐藤 学（1996）『授業研究入門』岩波書店
木原俊之（2004）『授業研究と教師の成長』日本文教出版

※本稿は，鈴木聡（2013）「教師が成長するとはどういうことか」『体育科教育』第61巻第6号，pp.16-19を加筆・修正した。

> **コラム 3**

学級という空間

　一般的に，学校教育は公教育である。学校教育が公教育であるのであれば，学校は公共的空間ということになるといえる。このコラムではこのことから，現在の教育が掲げている「主体性」や「多様性」等のキーワードを考えてみたい。

　公共的空間について，「現れの空間」と「共通世界」という二つの次元から説明をしたのがアーレントである。まず「現れの空間」について理解するためには，対比される「表象（出現）の空間」の説明が必要だ。「表象の空間」とは，そこに集う人々が"誰"としてではなく"何"として描かれる空間であるということである。例えば公務員であるとか，医者であるとか，モデルであるとか，または男性であるとか父親であるとか，このような社会的な地位や役割等の社会的な枠組みの中に個人をはめ込んで，他者を理解する空間である。しかし同時にそれは，その人を他の人々と交換可能な存在と認知することを意味すると指摘されている空間でもある。

　アーレントは，公共的空間では人々は交換不可能な"誰"として他者と関わる場であるとし，その中で行為し語ることで自ら"誰"としてのアイデンティティを形成する空間であるとしている。この"誰"として生きる空間が，「現れの空間」である。そしてこの「現れの空間」の中で"誰"として行為し語り合うためには，その空間に共通の興味・関心によって生成される「共通世界」が必要になるということである。そしてこの「共通世界」の成立のためには，その「共通世界」に対してみんなが興味・関心を持ち続けること，そしてそれに対して多種多様なパースペクティブが失われていないことであるとされている。

　前振りが長くなったが，学校や学級が公共的空間であるのであれば，そこは「現れの空間」であり「共通世界」が成立している空間であるということだ。だが，往々にして学校や学級の中では，児童・生徒として交換可能な"何"として処遇されていないだろうか。例えば，クラスが違っても同じ内容を学習するのであれば多くの場合同じように授業は進み，同じようなまとめで授業は終わることとなるだろう。それはまさにその授業を受けているのは"誰"としてではなく，"何"としての小学校3年生であるとか中学校2年生が授業を受けていると捉えられるのではないだろうか。そしてその中では多種多様なパースペクティブよりも一つの答えや価値観が大事にされている，そんな空間になっていないかということである。「主体性」ということや，「多様性」等を学校教育の中で本質的に求めるのであれば，授業の方法等の問題以上に，学校や学級そのものが"誰"として関わりあう公共的空間として考えることが大事なのではないかと思う。

〈引用・参考文献〉
アーレント／志水速雄訳（1994）『人間の条件』ちくま学芸文庫
斎藤純一（2005）『公共性』岩波書店

コラム 4

AI時代とスポーツ

　スポーツは，技術革新の恩恵を享受してきた。人間の身体の代替としての義肢は，生身の人間の脚の機能をはるかに凌駕する領域まで進化している。近年，目覚ましい発展を遂げているのが AI（人工知能）の研究開発である。ロボットを身体とすれば，AI は脳にあたるものであり，人間の脳の機能の一部を代替していくことが期待されている。

　これは，遠い未来の話ではない。プレイヤーのデータを集積して戦術を分析する AI は，ラグビー界では既に導入されている。AI がプロ棋士に勝利してしまうことからも，スポーツの戦術判断が AI に委ねられる未来も想定不可能ではないだろう。

　スポーツにおいて身体と脳のいずれも機械に代替させられる時代が来た時，我々はロボコンのようなプロ野球をスポーツとして受け容れるだろうか？　AI とスポーツとの関わりを考えていく上で，避けて通れないのは「スポーツとは一体何か？」という根本的な問いである。スポーツの定義はいくつも存在するが，それらにおよそ共通するのは「プレイ」と「身体」という 2 つのキーワードである。それらの視点から，AI とスポーツのかかわりについて今後どのような議論が可能かについて考えてみたいと思う。

　まず，「プレイ」についてである。プレイとは "敢えて" 行う活動である。42.195 キロ先までできるだけはやく移動したい時，普通は車や電車を利用する。しかし，それを "敢えて" 自分の身ひとつで移動してみようというのがプレイである。そこに戦術を考えることも含まれるのだとすれば，「AI を使えばもっといい戦術が見つかるが，"敢えて" 自分たちの脳で考える」ということこそがプレイである。要するに，AI を持ち込むという発想がスポーツにとってそもそもナンセンスではないかという議論が可能になる。

　次に，「身体」についてである。我々は，「体が覚えている」という奇妙な表現をもっている。もしも，身体そのものが記憶を持ちそこに宿る知があるとすれば，身体は脳のパペットではない。遠い未来，人間の行為がすべて電気信号に置き換えられたとすれば，「逆上がりの仕方」を身体にインストールすることが可能になるかも知れない。その時，時間をかけて逆上がりを習得した記憶を持つ身体と，その仕方をインストールしただけの身体の間に差異は見られるのだろうか。このような議論も展開されるかも知れない。

　過去しか生きていない我々にとって未来を想像することは困難であるが，時代を超えて価値を有する議論があるとすれば，それは，今既にあることの本質を見極める議論ではないだろうか。

132

編者・執筆者一覧

■編　者

松田恵示　東京学芸大学

鈴木　聡　東京学芸大学

眞砂野 裕　昭島市立光華小学校

■執筆者（執筆分担）

眞砂野 裕　昭島市立光華小学校（Ⅰ章）

体育授業「運動の面白さ」研究会（Ⅱ章, Ⅲ章）

田中　聡　神戸親和女子大学（Ⅳ章 -2）

坂本史生　東京福祉大学（Ⅳ章 -3）

鈴木　聡　東京学芸大学（Ⅳ章 -4, 5, 10）

宮坂雄悟　尚美学園大学（Ⅳ章 -6, 編集協力）

原　祐一　岡山大学（Ⅳ章 -7, 9）

松田恵示　東京学芸大学（Ⅳ章 -1）

眞鍋隆祐　彰栄保育福祉専門学校（Ⅳ章 -8）

木村翔太　東京学芸大学附属世田谷小学校（コラム 1, 4）

松本大輔　西九州大学（コラム 2, 3）

子どもが喜ぶ！体育授業レシピ
──運動の面白さにドキドキ・ワクワクする授業づくり──

2019 年 2 月 15 日　第 1 刷発行
2023 年 12 月 8 日　第 2 刷発行

編　者　松田恵示

鈴木　聡

眞砂野 裕

発行者　伊東千尋

発行所　教育出版株式会社

〒 135-0063　東京都江東区有明 3-4-10 TFT ビル西館
電話（03）5579-6725　振替 00190-1-107340

©K.Matsuda/ S.Suzuki/ Y.Masano 2019
Printed in Japan
乱丁・落丁本はお取替えいたします。

組版　さくら工芸社
印刷　神谷印刷
製本　上島製本

ISBN978-4-316-80384-5　C3037